<u>74594 Kreßberg</u>

Ortsbeschreibungen in Fotos
Vereine und wichtige Adressen
Kreßberger Geschichten

Band 2

aufgeschrieben von **Lonja Mandlik**
2. aktualisierte Auflage 2025

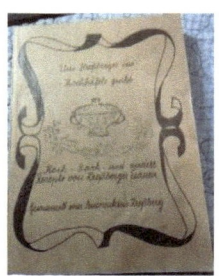  

Recherche im Archiv des Rathauses Waldtann, Mai 2021, Recherche in der
Obersamtbeschreibung von 1884. Hier fand ich die meisten Informationen.

Alle Fotos und Texte im Buch, wenn nicht anders beschrieben: Lonja Mandlik.
Weitere Fotos und Texte mit freundlicher Genehmigung der Veröffentlichung
von der Gemeindeverwaltung Kreßberg, Stadtarchiv Crailsheim, von den
evangelischen und katholischen Kirchengemeinden, von den Landfrauen
Kreßbergs als auch viele Fotos von Privatpersonen. Postkarten: Privatbesitz
Lonja Mandlik.

Alle Luftbilder mit freundlicher Genehmigung vom Hauptsponsor:

Die MHM-Photoart GmbH bietet ein umfassendes Leistungsspektrum in den
Bereichen Fotografie und Filmproduktion für gewerbliche wie auch private
Kunden. Ruhefeld 57, 74594 Kreßberg, +49 174 341 6864,
hm.falk@mhm-photoart.de, https://mhm-photoart.com

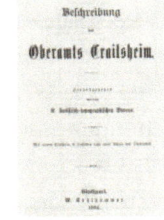

Karte: Landesarchiv Baden-Württemberg

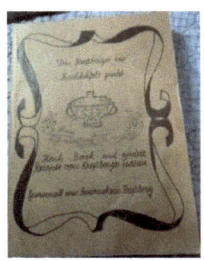
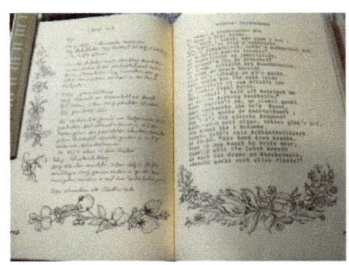

zur Autorin und zum Buch

Diese zweite Auflage 2025 hat noch mehr Informationen und Bilder als die erste. Die Einwohnerzahlen wurden zudem angepasst. Ich wünsche Ihnen viel Spaß beim Lesen. Vielleicht erfahren Sie ja Neues, oder erinnern sich an Altes.

Ich bin 50 Jahre alt und wohne mit meinem Ehemann seit vier Jahren in Ungarn. Vorher wohnte ich von 2015 bis 2021 ich in Kreßberg-Haselhof. Mein Mann war über 20 Jahre Kreßberger. Seit 2015 war ich Sängerin im Chor von Mariäkappel und seit 2021 auch Landfrau im Verband von Marktlustenau.

Im März 2021, vor Corona, hatte ich das 1989 erschienene Buch "Uns Kreßberger ins Kochhäfele guckt" des Seniorenkreises Kreßberg im Gemeindebücherschrank am Gemeindehaus Mariäkappel gefunden. Dieses war arg zerstört und hatte viele Wasserflecke. Doch der Inhalt, so man ihn noch lesen konnte, war sehr interessant. Hier entstand die Idee, während der Pandemie, wo alle Leute zu Hause bleiben mussten und keine Freunde treffen durften, dieses Buch neu aufzulegen. Ende 2021 entstand so die erste Auflage.

Durch die Recherche und Gespräche mit den Bewohnern in den einzelnen Teilorten dachte ich mir, Fotos und Informationen hierzu wären vielleicht auch interessant. Also kam der Entschluss, dieses Buch anders neu aufzulegen und um Kreßberger Informationen und Fotos zu erweitern.

Das Kochhäfele wurde mit über 700 Seiten zu dick. Es passte nicht mehr in einen Briefkasten. Ich habe nun zwei Teile veröffentlicht.

- Kreßberger Kochhäfele, Band 1, die Rezepte, ISBN 9783819208348
- 74594 Kreßberg, Band 2, die Ortsbeschreibungen, ISBN 978376379143

Bei der Recherche in der Oberamtsbeschreibung Crailsheim von 1884 fand ich viele Informationen über die 33 Teilorte Kreßbergs, die ich weitestgehend übernommen und um neue Informationen und vor allem Fotos erweitert habe.

Lonja Mandlik

Bibliografische Information der Deutschen Nationalbibliothek: Die Deutsche Nationalbibliothek verzeichnet diese Publikation in der Deutschen National-bibliografie; detaillierte bibliografische Daten sind im Internet über dnb.dnb.de abrufbar.

Die automatisierte Analyse des Werkes, um daraus Informationen insbesonde-re über Muster, Trends und Korrelationen gemäß §44b UrhG („Text und Data Mining") zu gewinnen, ist untersagt.

Verlag: BoD · Books on Demand GmbH, Überseering 33,
                   22297 Hamburg, bod@bod.de

Druck: Libri Plureos GmbH, Friedensallee 273, 22763 Hamburg

ISBN: 978-3-7693-7914-3
Autorin: Lonja Mandlik, Ungarn
Fotos: Lonja Mandlik, Ungarn
Erreichbar: Facebook: Lonja Mandlik

Auflage: 2, veränderte und aktualisierte Auflage 2025

Auszug von googlemaps

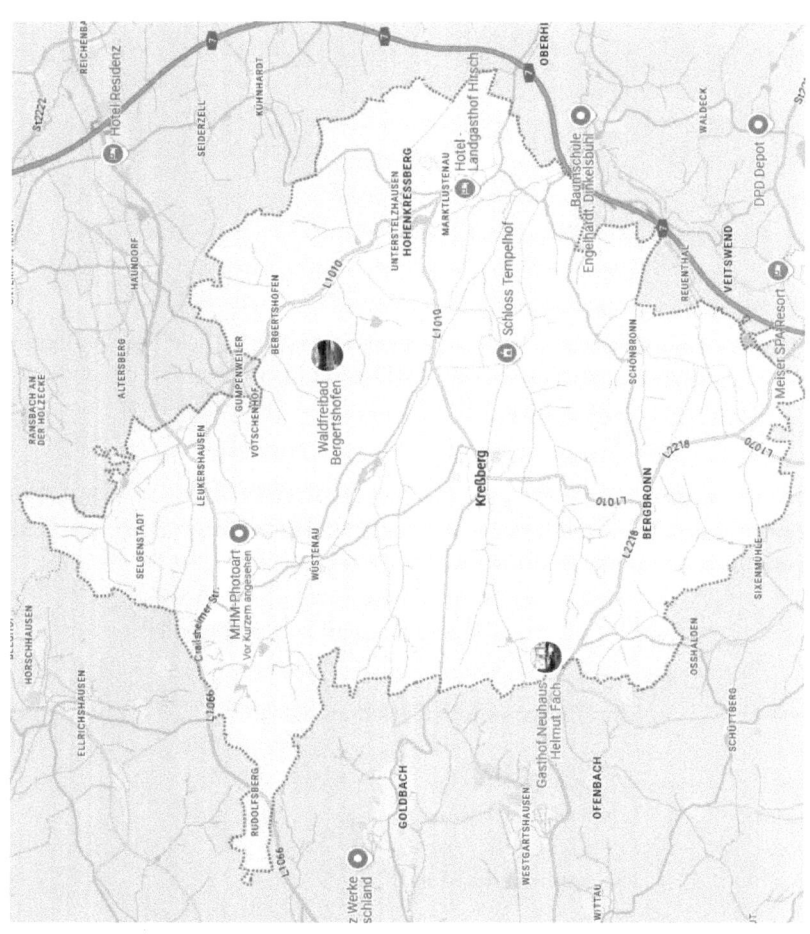

Umriss von Kreßberg in 2025

Danksagung
Mein besonderer Dank gilt:

- Anita Gentner (Fotos, Informationen)
- Heidi Gary (Informationen)
- Landfrauen Kreßberg (Rezepte)
- Gemeindeverwaltung Kreßberg (Fotos, Geschichte und Informationen, Archiv)
- Frau Schmutz, Pfarramt Marktlustenau (Fotos, Kontakte)
- Folker Förtsch, Leiter Stadtarchiv Crailsheim (Fotos, Geschichte und Informationen, Archiv)
- Irmgard Probst, Haselhof (Informationen)
- Gisela Bourzutschky, Crailsheim (Rezepte)
- Irene Hörner, Waldtann (Informationen)
- Helga Vogt, Crailsheim (Rezepte)
- Albrecht Barthelmess, Waldtann (Chronik von Waldtann)
- Karin Rock, Crailsheim (Rezepte, Informationen)
- Daniel Ehrmann, Haselhof (Kontakte, Fotos, Informationen)
- Dalibor Zekovic (Informationen)
- Pfarrer Alfred Brenner (Chronic, unser Waldtann)
- Roland Hofmann (Texte, Bilder)
- Walter Rothenberger (Informationen)
- Isabell David (Informationen, Fotos)
- Richard Stribik (Informationen, Fotos)
- Herbert Holl (Informationen, Fotos)
- Manfred Mandlik (Chauffeur)
- Bernd Schürger (Fotos, Informationen)
- Markus Häffner (Fotos, Informationen)
- Heinz Lechner (Informationen)
- Hans Gräser (Informationen)
- Markus Häfner (Fotos, Informationen)
- Otto Ströbel, Wallhausen (Buch Bräuche und Sitten in Hohenlohe)
- Alex Schierle (Telefonbuch)

Ein besonderer Dank gilt auch den Sponsoren, die das Veröffentlichen in 2021 und 2025 erst möglich gemacht haben.

Wappen: Hintergrund Gold (gelb), ein pfahlweis gestellter roter Krebs steht auf einem grünen Dreiberg

Flagge: Rot-Gold (gelb). Die 1973 gebildete Gemeinde griff das „redende" Wappen der im 14. Jahrhundert nachweisbaren Herren von Kreßberg (1303, Krebsberg) auf. Ihr Herrschaftsmittelpunkt lag im Ortsteil Marktlustenau. Das Wappen wurde zusammen mit der Flagge 1980 vom Landratsamt verliehen und bezieht sich auf den Gemeindenamen. In den alten, jetzt erloschenen Gemeindewappen von Leukershausen und Waldtann war der grüne Dreiberg Bestandteil. Es symbolisiert die waldreiche Höhe, auf der Mariäkappel liegt.

Begriffserklärung und Bilder: Landesarchiv Baden-Württemberg und Gemeindeverwaltung Kreßberg.

Gemeindegliederung

Kreßberg ist eine der Gemeinden, in der keine Ortschaft gleichen Namens liegt. Die Gemeinde Kreßberg besteht aus 33 Dörfern, Weilern, Höfen und Häusern. Die ersten Siedlungen im Bereich des heutigen Kreßbergs entstanden zwischen dem 7. und dem 9. Jahrhundert. Die Gemeinde Kreßberg in der heutigen Ausdehnung entstand durch die Gemeindereform am 1. Januar 1973 aus den vorher selbstständigen Gemeinden Waldtann, Marktlustenau, Mariäkappel und Leukershausen.

In der Gemeinde Kreßberg liegen zudem die abgegangenen Ortschaften (Burg) Eichelberg, Hungertal, Runzenberg, Cleonrode, Däschen, Bartsweiler, Hertenberg, Heubach, Klingenbach, Köllhäusle, Rampoldshausen und Ruppas. siehe auch Burgstall Wüstenau. Entnommen: https://www.Kreßberg.de

Einwohnerzahlen 2021 und 2025

2025		2021	
Asbach	23	Asbach	15
Bergbronn	331	Bergbronn	325
Bergertshofen	144	Bergertshofen	121
Bräunersberg	23	Bräunersberg	25
Gaisbühl	88	Gaisbühl	87
Halden	9	Halden	9
Haselhof	547	Haselhof	534
Hohenberg	13	Hohenberg	11
Hohenkreßberg	28	HohenKreßberg	23
Leukershausen	212	Leukershausen	195
Mariäkappel	401	Mariäkappel	313
Marktlustenau	680	Marktlustenau	701
Mistlau	41	Mistlau	31
Neuhaus	11	Neuhaus	16
Oberstelzhausen	24	Oberstelzhausen	23
Riegelbach	53	Riegelbach	50
Rotmühle	8	Rotmühle	5
Rötsweiler	16	Rötsweiler	17
Rudolfsberg	115	Rudolfsberg	135
Ruppersbach	31	Ruppersbach	28
Schönbronn	42	Schönbronn	46
Schönmühle	1	Schönmühle	
Schwarzenhorb	17	Schwarzenhorb	17
Selgenstadt	86	Selgenstadt	73
Stegenhof	10	Stegenhof	12
Tempelhof	151	Tempelhof	144
Unterstelzhausen	63	Unterstelzhausen	64
Vehlenberg	15	Vehlenberg	16
Vötschenhof	1	Vötschenhof	2
Waidmannsberg	16	Waidmannsberg	16
Waldtann	889	Waldtann	874
Wüstenau	109	Wüstenau	100
KREßBERG GESAMT	4198		4028

Entnommen: https://www.Kreßberg.de

9

Die erste Besiedlung hat ihren Ursprung zwischen dem 7. und 9. Jahrhundert n. Chr. Fränkische Grundherren haben bei der fortgesetzten Rodung Siedlungen angelegt. Ortschaften mit der Namensendung "hausen" deuten darauf hin.

Das heutige Hohenkreßberg mit seiner Burg, von der heute nur noch wenige Mauerreste zu sehen sind, war Sitz der Herren von Kreßberg, wechselte später aber mehrmals den Besitzer. Im Jahr 1545 wurde die Herrschaft Kreßberg an Ulrich von Knöringen, Amtmann in Crailsheim, verkauft. 1648 brannte die Burg auf dem Kreßberg nieder. An ihrer Stelle wurde 1718 bzw.1727 eine Wallfahrtskapelle erbaut.

Der letzte Herr von Knöringen auf Kreßberg starb 1817. In Tempelhof haben die Herren von Knöringen vor dem 30jährigen Krieg ein Lustschloß erbaut, das nach dem Brand der Stammburg 1648 zu ihrem alleinigen Sitz wurde. Nach dem Tode des letzten von Knöringen, Philipp Anton, ging das Schloß samt der Herrschaft 1839 an die Krone Württembergs.

Ab 1843 war es Kinderrettungs- und Erziehungsanstalt, später kam eine Lehrer-bildungsanstalt hinzu. 1922 erweiterte sich der Aufgabenbereich auf schwer erziehbare Fürsorgezöglinge. Von 1983 bis 2005 befand sich dort eine Beschützende Werkstätte mit Behindertenwohnheim.

Mehr zu den Orten und deren Geschichte finden Sie in den folgenden Kapiteln.

In der früher eher bäuerlich geprägten Gemeinde Kreßberg ist die Zahl der landwirtschaftlichen Betriebe - entsprechend der allgemeinen Tendenz - rückläufig. Das Wirtschaftleben ist geprägt durch zahlreiche Handwerksbetriebe und mittelständische Unternehmen.

Zusammen mit den „Wäldergemeinden" (Kreßberg, Fichtenau, Stimpfach und Frankenhardt) wurde das Tourismusprojekt „Wundergärten der Natur" ins Leben gerufen.

Hierbei ist die Gemeinde Kreßberg mit dem „Streuobsterlebnis" vertreten. Besucher können z.B. erlebnisreiche Natur-Exkursionen und idyllische Streuobst-Wanderungen machen und sich an verschiedenen Stationen über Tiere und Pflanzen informieren.

Ziel ist nicht nur die Tourismusförderung, sondern vielmehr soll sich auch die Pflege der Streuobstbestände wieder lohnen (etwa durch die Vermarktung der sortenreinen Säfte) und das Wissen um die hiesige Natur erhalten bleiben.

11

So ist auch die Schule am Kreßberg beteiligt – hinter der Schule wurde eine Wiese mit verschiedenen Apfelbäumen bepflanzt, die „Baumschule am Kreßberg".

Eine der letzten Amtshandlungen des scheidenden Kreßberger Bürgermeisters Robert Fischer (links) war es mit seiner Nachfolgerin Annemarie Mürter-Mayer (hinten) zusammen mit dem Landschaftspfleger Hansjörg Weidmann zwei Obstbäume zu pflanzen – und zwar am Ortsrand von Mariäkappel auf dem Weg zum Lindenbrunnen.

Angler- Forst- und Hundesportvereine

Anglergemeinschaft Kreßberg Dietmar Hofmann-Hohenstein Bräunersberg Haus-Nr. 7/1 74594 Kreßberg	Forstbetriebsgemeinschaft Kreßberg Harald Zott Am Kroppberg 1 74594 Kreßberg-Schönbronn
Hundesportverein Kreßberg Karl Brehm Schönbachstraße 9 74594 Kreßberg-Oberstelzhausen Telefon: 07957 / 81 73 www.hsv-Kreßberg.de/hsv/	Heimatverein D`Wüstenauer Jürgen Rupprecht Schloßbergweg 14 74594 Kreßberg-Wüstenau

Sportvereine, Musikvereine und andere

Schützenverein Schön- bronn/Bergbronn Dieter Hertfelder 91550 Dinkelsbühl-Reuenthal Telefon: 09857 / 587	Schützenverein Leukershausen Jonathan Hasenfuß Pfarrwiesenweg 2 74589 Satteldorf

Förderverein GSV Waldtann Erich Feuchter Eichwaldstr. 13 74594 Kreßberg-Waldtann Telefon: 07957/8316	DRK-Gymnastik Regina Queißner Untere Gasse 60 74564 Crailsheim Telefon: 07951 / 5451
GSV (Gesangs- und Sportverein) Waldtann und Waldtanner Volkstheater Markus Häffner Badäcker 13 74594 Kreßberg-Waldtann Telefon: 07957 / 926494 http://www.gsv-waldtann.de	Sportfreunde Leukershausen / Ma- riäkappel, Tennisabteilung Daniel Ehrmann Zum Lindenbrunnen 12 74594 Kreßberg-Mariäkappel Telefon: 07957/8656
Sportfreunde Leukershausen / Ma- riäkappel Günter Karger Crailsheimer Str. 23 74594 Kreßberg-Mariäkappel Telefon: 07957 / 511	BC Marktlustenau (Sportverein) Eddi Dänzer In den Weidengärten 22 74594 Kreßberg-Marktlustenau Telefon: 07957 / 1554 www.bcmarktlustenau.de
Evangelischer Kirchenchor Marktlus- tenau Pfarrerin Schmutz Marktstraße 29 74594 Kreßberg-Marktlustenau 07957 / 235	Ökumenischer Posaunenchor Markt- lustenau Karl Ebert Haugentalweg 17 74594 Kreßberg-Unterstelzhausen 07957 / 8211
Singkreis Waldtann Pfarrerin Schmutz 07957 / 376	Posaunenchor Waldtann Hermann Beck Gunggasse 5 74594 Kreßberg-Waldtann

Liederkranz Mariäkappel Philipp Geymann Am Wald 2 74594 Kreßberg-Haselhof	Singkreis Mariäkappel-Leukershausen Heiderose Stelzner Panoramaweg 6 74594 Kreßberg-Mariäkappel 07957 / 329
Förderverein Kinderspielplatz Selgenstadt Michael Baumann Am Wasserturm 7 74594 Kreßberg-Selgenstadt	Handarbeitskreis Kreßberg Inge Stelzer Rosenbühl 10 74594 Kreßberg-Marktlustenau 07957 / 8252
Förderverein Kinderspielplatz Bergbronn Bernd Lober Steinäckerstraße 3/2 74594 Kreßberg-Bergbronn	Junge Bühne Uta Fischer-Ilgenfritz Birkenstraße 2 74594 Kreßberg-Haselhof
VdK Ortsgruppe Kreßberg Wolfgang Meyer Feldle 14 74594 Kreßberg-Waldtann 07957 / 8737	Seniorentreff Marktlustenau Pfarrerin Cornelia Schmutz Pfarramt Marktlustenau-Waldtann: Tel: 07957/235 email (allgemeine Anliegen): pfarramt.marktlustenau@elkw.de email Pfarrerin Schmutz (persönliche, vertrauliche Angelegenheiten): cornelia.schmutz@elkw.de
Kirchliche Sozialstation Kreßberg Bräugasse 10 74594 Kreßberg Telefon: 07957 / 439 Fax: 07957 / 926286	Unsere Gemeindeschwestern- und -pfleger sind das diakonische Gesicht unserer Kirchengemeinden - und Ihre kompetente Ansprech-partnerinnen rund um das Thema Pflege. Auch in den letzten Stunden eines Lebens stehen sie Sterbenden und ihren Angehörigen mit Rat und Tat zur Seite.

- Am Veitsgraben, Kreßberg, Gaisbühl
- Sixenhofer Weg, Kreßberg, Bergbronn
- Kornmarktstraße, Kreßberg, Marktlustenau
- Am Wasserturm, Kreßberg, Selgenstadt
- Ruhefeld, Kreßberg, Haselhof
- Am Sportgelände, Kreßberg, Wüstenau
- Am Sportplatz, Kreßberg, Waldtann
- Foto VR Bank

Landfrauen

Landfrauenverein Mariäkappel Doris Morgenstern Schönblick 15 74594 Kreßberg-Haselhof	Landfrauenverein Schön- bronn/Bergbronn Ilonka Lang Haus Nr. 1 74594 Kreßberg-Ruppersbach 07957 / 249
Landfrauenverein Marktlustenau Heidi Gary Marktstraße 22 74594 Kreßberg-Marktlustenau Martina Hüttner Hoher Weg 14 74594 Kreßberg-Marktlustenau	Mit den Landfrauen durchs Jahr 2025

Laura Schönau bis 18.10.2024
0176 30653803
Laura.bartelmess@googlemail.com

Sind ein loser Zusammenschluss junger und junggebliebener Frauen aller Orts-vereine der LandFrauen in der Gemeinde Kreßberg. Seit April 2022 treffen sie sich regelmäßig in gemütlicher Runde zu Workshops, Ausflügen, Vorträgen und viermal im Jahr zu einem LandFrauen-Stammtisch.

Wenn du Lust hast, neue Frauen kennenzulernen, dich auszutauschen, eigene Ideen einzubringen und spannende Aktivitäten oder Vorträge in der Gemeinschaft erleben möchtest, bist du herzlich eingeladen, bei unserem nächsten Programmpunkt oder Treffen vorbeizukommen.

Wir freuen uns immer über neue Gesichter.

Die Geschichte der Landfrauen geht zurück auf die Gutsfrau Elisabet Boehm. Im damaligen Ostpreußen rief sie im Jahre 1898 den ersten landwirtschaftlichen Hausfrauenverein ins Leben.

17

Sie hatte verstanden, dass sich auch Frauen auf dem Land bilden und fortbilden müssen. Sie wollte so die Lebens- und Arbeitsverhältnisse von Frauen im ländlichen Raum durch Bildung in Hauswirtschaft aber auch durch Kultur verbessern und ihnen Aus- und Weiterbildungen ermöglichen.

Früher setzen sich die Landfrauenvereine vor allem mit der Verbesserung der der sozialen, wirtschaftlichen und rechtlichen Situation von Frauen sowie für die Vereinbarkeit von Familie und Beruf ein. Ansprechpartnerin waren vor allem die Vollzeit-Bäuerinnen mit Bezug zur direktem Landwirtschaft.

Die Bäuerin, die den ganzen Tag im Stall steht, gibt es heutzutage so nicht mehr. Viele arbeiten und üben den Beruf im Nebenberuf auf. Heute finden sich mittlerweile Frauen aus allen Berufen und Altersklassen unter den Mitgliedern, viele haben gar keinen Bezug zur Landwirtschaft. Weiterbildungen und Vorträge in den Bereichen Selbstständigkeit und Unternehmensgründung, Agrarpolitik, Hauswirtschaft, Ernährung, Gesundheit und anderes werden heute angeboten.

Gerade für neu Zugezogene Frauen ist der Verein eine hervorragende Möglichkeit, sich im Gemeindeleben einzubringen und so die Nachbarn kennenzulernen.

Um das Programm noch abwechslungsreicher zu gestalten, gibt es inzwischen einige gemeinschaftliche Angebote aller Kreßberger Landfrauenvereine. „Wir sind kein Koch- und Backverein, aber helfen natürlich bei größeren Veranstaltungen im Dorf gerne mit." So bewirteten die Landfrauen 2016 beispielsweise den Blutspendetag des DRK oder den „Tag der offen Tür" in der Malerwerkstätte Lerner in Rudolfsberg.

Zudem gab es eine Führung auf dem Reformationsweg in Crailsheim. Auch das Druckzentrum des Hohenloher Tagblatts in Crailsheim haben die Damen schon besucht, „Eine sehr interessante Führung. Als Privatperson kriegt man sowas nicht geboten." Natürlich gehören auch Basteln, Stricken und Nähen zu den Angeboten. „Handarbeiten wird allerdings gar nicht mehr so nachgefragt", sagt Fohrer.

Aktuelle Lehrgänge und Qualifizierungen werden vom Landesfrauenverband Baden-Württemberg angeboten:

- Fachberaterin für Bienenprodukte
- Botschafterin für Agrarprodukte
- Arbeiten im landwirtschaftlichen Betrieb
- Hauswirtschaftliche Familienbetreuerin
- Kursleiterin für präventive Gymnastik
- Internetgestützte Vermarktung regionaler Produkte

Bildung ist ein wichtiger Schwerpunkt des Landfrauenvereins Mariäkappel: Hier informieren sich die Mitglieder über Gärten. Foto: Verein

Ausflug der Landfrauen Kreßberg zum Chicoréehof
nach Blaufelden am 26.09.2019

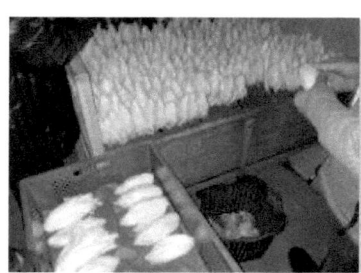

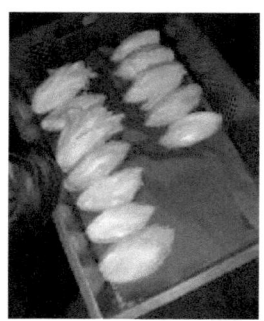

Biohof Vogt
Heufelwinden 14,
74572 Blaufelden, Deutschland

Originalrezepte vom Chicoréehof

Chicoréesuppe

500g Chicorée
1 Becher süße Sahne
Salz, Muskat, Suppengewürz
Brot oder Backerbsen

Chicoréeköpfe in der Hälfte durchschneiden, den Strunk entfernen und die Köpfe grob schneiden. Dann 10 Minuten in Wasser kochen.
Die Sahne mit dem Ei in einer separaten Schüssel verquirlen. Dem Chicorée im Wasser unter Pürieren das Ei-Sahne-Gemisch hinzugeben. Nach Bedarf würzen und während die Suppe noch etwas köchelt, das Brot würfeln und in etwas Butter rösten. – Fertig sind die leckeren Croûtons! Die perfekte Ergänzung zum cremigen Gaumenschmaus.

Oubatzter

15–20 Chicoréeblätter
200g Camembert
40g Butter
1 große Zwiebel
nach Bedarf
Kümmel, Salz, Pfeffer, Muskat, Paprika
Fünfzehn bis zwanzig Chicoréeblätter abzupfen und waschen. Kleiner Tipp: Wenn Sie die Blätter kurz lauwarm abwaschen, ist der Chicorée weniger bitter. Camembert, Butter und Zwiebel kleinschneiden und mit einer Gabel gut verkneten. Mit einem kleinen Löffel die Masse auf die vorbereiteten Blätter verteilen. – Fertig sind die hübschen Chicorée-Schiffchen. Der perfekte Appetizer!

Fruchtiger Chicoréesalat	Pikanter Chicoréesalat
400g Chicorée 1 Apfel 1 Banane 1 kleine Dose Mandarinen Salatsoße 125ml Sahne 1 Becher Naturjoghurt Mandarinensaft 2–3 EL Zitronensaft Chicorée kleinschneiden und waschen; Obst schneiden. Die Zutaten für die Salatsoße verrühren, mit den Salatzuta- ten vermengen und durchzie- hen lassen.	500g Chicorée 200g Schinkenwurst oder gekochter Schinken 150g gewürfelter Emmentaler 1 kleines Glas Tomatenpaprika 3 große Gewürzgurken 1 Zwiebel Marinade: Salz, Salatkräuter, Essig, Öl zum Verzieren: 1–2 hartgekochte Eier Den Chicorée kleinschneiden und waschen. Schinken, Käse, Tomatenpaprika, Gewürz- gurken und Zwiebel schneiden. Salat abtrop- fen lassen. Währenddessen Marinade zube- reiten und alle Zutaten durchmischen. Die hartgekochten Eier vierteln und den Salat damit garnieren

Ausflug der Landfrauen Kreßberg zum Chicoréehof
nach Blaufelden am 26.09.2019

In der Chicorée-Saison, also von Ende November bis Ende März, bietet der Hof Führungen durch die Anbauräume mit Informationen und anschließendem Fünf-Gänge-Chicorée-Menü an. Diese Veranstaltungen sind für Gruppen zwischen fünfzehn und fünfzig Personen ausgelegt und eignen sich für Menschen aller Altersgruppen.

Frau Vogt vom Chicoréhof in Blaufelden-Heufelwinden zeigte den Landfrauen zuerst den Hof und die Hallen, wo der Chicorée angebaut wird. Absolute Dunkelheit ist ein Muss. Licht würde Photosynthese auslösen und die gelben Triebe grün und damit ungenießbar werden lassen.

Auf der Homepage: http://www.biohof-vogt.de kann man sich einen Bericht der Landesschau im SWR-Fernsehen Baden-Württemberg ansehen, der im Januar 2017 ausgestrahlt wurde.

Nach der Führung fand eine Bewirtung mit wirklich sehr schmackhaften Chicorée-Gerichten statt.

Chicorée überbacken

1–2 Köpfe Chicorée pro Person
200g gekochter Schinken
200g geriebener Käse
1 Löffel Butter
1 Zitrone
1 Tasse Wasser
Salz, Muskat, Semmelbrösel
Die Strünke des Chicorée entfernen und 10 Minuten in Salz-Zitronen-Wasser mit Butter und Muskat dünsten. Nach dem Abtropfen auf ein Blech oder in eine Auflaufform geben.

Den kleingeschnittenen gekochten Schinken und den geriebenen Käse darübergeben, mit Butterflöckchen belegen und ggf. mit Semmelbröseln bestreuen. Im vorgeheizten Backofen 15 bis 20 Minuten überbacken.

Nachruf für Reinhold Kett,
28.01.1949 bis 17.12.2023

Essen Sie auch so gerne „richtige" Gummibärchen? Wissen Sie, wer sich um die leckeren Kreßberger Gummibärchen in Verbindung mit Saft von Obst von Streuobstwiesen so verdient gemacht und dafür sogar das Bundesverdienstkreuz am Bande erhalten hat? Und erinnern Sie sich an den Kreßberger Leierkastenmann? Ja, das war Reinhold Kett.

Sein Motto war stets: „Es gibt nichts Gutes, außer man tut es.".

Im Rahmen meiner Kreßberg-Recherchen hatte ich ihn vor Corona 2021 in Leukers-hausen getroffen. Er konnte mir so viel erzählen, nicht nur über Obstbäume und Streuobstwiesen und Bienen und wie wichtig es ist, sich zu kümmern. Er war so stolz über sein Projekt. Er zeigte mir Fotos und Zeitungsausschnitte. Ich durfte 1000 Fragen stellen. Er war es auch, der mir über das Freibad erzählte. (Die Geschichte finden Sie unter Leukershausen).
Danke!

**Kreßberger Gummibärchen
und die Streuobstwiese**

Die Streuobstwiese, regional auch Obstwiese, Obstgarten, Bitz, Bangert, Bongert oder Bungert (Baumgarten) genannt, ist eine traditionelle Form des Obstbaus. Auf Streuobstwiesen stehen verstreute hochstämmige Obstbäume meist unterschiedli-chen Alters und unterschiedlicher Arten und Sorten.

Die alten Sorten, die auch heute noch traditionell im Streuobstanbau verwendet werden, wurden zu einer Zeit entwickelt, als Pflanzenschutzmittel gar nicht oder nur sehr eingeschränkt zur Verfügung standen. Sie sind daher gegenüber Krank-heiten und Schaderregern als besonders robust einzustufen. In Streuobstwiesen können zwischen 2000 und 5000 Tierarten beheimatet sein bzw. dort ihre Nahrung finden. Den größten Anteil nehmen dabei Insekten wie Käfer, Wespen, Hummeln und Bienen ein. Auch die Vielfalt der Spinnentiere und Tausendfüßer ist groß. Auch Amphibien und Reptilien fühlen sich hier wohl.

In Kreßberg sind in den letzten Jahren ca. 3500 Bäume in Streuobstregionen ausgewiesen und mehrere Biotope geschaffen worden. Doch wohin mit dem Saft? Die fachliche Beratung von interessierten Streuobstwiesenbesitzern waren eine Herzensangelegenheit von Herrn Reinhold Kett und Uli Zehender. Kreßberger Premium ist mittlerweile an die Firma Reutters verkauft worden.

Kontaktadresse:

**Reutter Verwaltungs- und
Vertriebs GmbH**
Industriegebiet Greut
Flurweg 9
74635 Kupferzell / Neu-
Kupfer
Telefon: 07944 – 9423076
Fax: 07944 – 9422775
Email: info@kressberger-
premium.de oder in-
fo@reutter-sweets.de

Typische Kreßberger Streuobstwiese

Der originale Kreßberger Saft der Streuobstwiesen wird direkt zur Gummibär-
chenherstellung verwandt. Ein hochwertiges, regionales Fruchtgummi-
Produkt entstand, welches zudem einen Beitrag zum Schutz unserer ökologi-
schen Flächen und deren Bewirtschaftung leistet.

Es gibt Fruchtsaftgummi in den beliebten Sorten Apfel, Birne, Kirsche,
schwarze Johannisbeere und Holunder und im BIO-Sortiment: Apfel, Birne,
Kirsche, Holunder
Fotos der Gummibärchen von Reinhold Kett

Asbach

In Asbach wohnen derzeit 23 Menschen. Asbach ist vor allem durch seinen
Angelsportverein bekannt. Das Angelgewässer wird von Angelsportverein
Crailsheim e.V. bewirtschaftet. Der Asbacher Weiher ist ein mit 4,50 ha kleiner
Teich/Weiher. Die Erstnennung erfolgte 1054 unter Asbach. Gehörte dann
nach 1510 ganz zum Rittergut Kreßberg.

Die Gemeinde Kreßberg ist wasser- und waldreich. Starke Quellen entspringen bei Mariäkappel an der Basis des Kieselsandsteins. Die Siedlung entstand
aufgrund dieser Quellen. Wälder nehmen die höher gelegenen Teile der Gemeinde ein: den Südwesten und Westen sowie die Kieselsandsteinrücken
zwischen den Tälern.

In den Tälern wurden zahlreiche Weiher aufgestaut, von denen der Mühlweiher bei Asbach und der Schön-weiher bei Marktlustenau die größten sind. Die
Gegend ist reich an Mühlen. Eine Besonderheit ist, dass die dortigen Mühlen

nicht über einen Mühlkanal, sondern über einen Mühlweiher betrieben werden wie beispielsweise in Asbach.

Beschreibung des Oberamts Crailsheim 1884

Asbach *ist* ein kleiner am Mühlenweiher gelegener Weiher mit Mühle, zur Pfarrei Lustenau gehörig.

Ca. 1350 hatte Götz Herrieder 2 Pfd. Geld zu Absbach (evtl. der Bach des Abts von Ellwangen) als hohenlohisches Lehen.

Es war ursprünglich flügelauisch, H. Arch. 1, 336 (Reg. boic. 8, 412 bezieht sich auf Esbach bei Dinkelsbühl).

Asbach gehörte zur Herrschaft Kreßberg (s. Lustenau) und hatte 1732

4 Haushaltungen. 1510 gab Hans v. Seckendorf-Aberdar 25 Schilling von einem halben Hof zu Asbach zu einem Jahrtag in Crailsheim.

1634 3. Sept. wurde Georg Beysers Ehefrau v. Asbach durch kaiserliche Soldaten im Wald erschossen, W. Kb.

Bilder: Wolfram Strempfer

Dem Wasserreichtum ist es zu verdanken, dass der Biber am Schönbach und Mühlbach seinen Lebensraum zurückerobert hat. Dieses größte europäische Nagetier war nahezu ausgerottet und ist seit etwa 2002 über die Wörnitz von Bayern her in den Osten Baden-Württembergs eingewandert. Die Gewässer in Kreßberg sind nahezu alle mit Biber besiedelt.

Die bedrohte und daher unter Naturschutz stehende Tierart hat gute Chancen, an naturnahen Gewässern in unserer Kulturlandschaft zu überleben. Besonders der Schönbach ist auf weiten Strecken ein natürlicher, von Ufergehölz gesäumter Bach.

Er lebt in langsam fließenden und stehenden Gewässern mit Gehölzen nahe dem Ufer. Wie kein anderes Tier gestaltet der Biber die Landschaft nach seinen Ansprüchen: er fällt Bäume, baut Burgen und Dämme und staut Bäche auf. Dadurch schafft er nicht nur sich, sondern auch vielen Pflanzen und Tieren einen geeigneten Lebensraum.

Was muss ich tun, wenn ich einen verletzten oder toten Biber finde?

Biber reagieren wie alle anderen Wildtiere auch: wenn man sie in die Enge treibt und sie sich dadurch in Gefahr fühlen, können sie sich vehement verteidigen. An Fluss- oder Seebädern sind sich Biber die Anwesenheit von Menschen gewohnt. Sie wissen, dass der Mensch keine Gefahr für sie ist.

Was können Sie tun, wenn sich der Biber in der Angelleine verhakt hat?
Was können Sie tun, wenn Sie einen verletzten oder toten Biber finden?
Was können Sie tun, wenn der Biber in Ihrem Garten die Hecke gefällt hat, Zuckerrüben oder Mais fehlt oder wenn der Flurweg am Bach eingestürzt ist?

Ansprechpartner in allen Fragen zum Biber ist der Biberbeauftragte von Kreßberg, Walter Rothenberger. Tel. 07957 / 925 100. Herr Rothenberger ist seit 2004 Biberbeauftragter für Kreßberg. Ist er nicht zu erreichen, dann rufen Sie bei der Gemeinde an.

Rothenberger rät generell zur Vorsicht im Umgang mit Bibern. Den Biber nicht anfassen, nicht hochheben, nicht verscheuchen. Mit seinen 30 kg und den scharfen Zähnen ist der Biber in der Lage, auch Hunde tot zubeißen.

Wegen seines wertvollen Fells, seines zarten Fleisches und seiner Zähne war der Biber lange Zeit ein begehrtes Jagdtier, heute noch werden tot-gefahrene Biber mitgenommen.

Vor 150 Jahren fast ausgerottet, breitete sich der Nager in den vergangenen Jahrzehnten von Bayern erneut in ganz Deutschland aus. Die Art ist inzwischen streng geschützt: Es ist verboten, Biber zu fangen, zu töten oder auch nur zu stören.
Laut Rothenberger haben wir in Kreßberg derzeit 60 bis 80 Tiere, die in den Weihern und Bachzuläufen wohnen.

Von dem Bibergeil/ Biber-Fett und deffen Haaren.

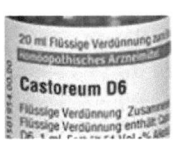

Castoreum D6

Fotos privat

Eine Biberfamilie besteht normalerweise aus einem ausgewachsenen Biberpaar und dessen Jungen im Alter von ein und zwei Jahren. Der Wurf eines Jahres besteht gewöhnlich aus 2 bis 3 Biberkindern. Somit leben in einem Familienrevier durchschnittlich etwa fünf Biber.

Biber verteidigen einen Gewässerabschnitt gegen Artgenossen. Um anderen Bibern mitzuteilen, dass das Gewässer schon besetzt ist markieren sie ihr Revier an verschiedenen Stellen mit Bibergeil (auch Castoreum genannt). Dazu kratzen sie Sand, Laub oder Gras zusammen und bilden daraus einen kleinen Hügel. Dieser liegt meist unmittelbar am Ufer des Gewässers. Das Bibergeil wird direkt auf den Hügel gesetzt. Dieses Bibergeil wurde bis ins 19. Jahrhundert als Allheilmittel zur Arzneimittelherstellung benutzt.

Das Sekret enthält schmerzlindernde Salicylsäure, die beispielsweise in Aspirin enthalten ist. Über 200 Rezepte mit Bibergeil finden sich in einem Buch für Heilmittel. Auch heute findet sich das Castoreum in homöopatischen Mitteln als auch in Duftstoffen.

Bei der Herstellung von Parfüms und Kosmetika wird synthetisches Castoreum zur Entwicklung von besonderen orientalischen Duftnoten eingesetzt. Dabei entstehen Noten der holzigen, ambraähnlichen und ledrigen Düfte.

Der Biber besitzt für Nager typische große Nagezähne. Mit diesen fällt er Bäume um sich von deren Rinde und Knospen zu ernähren und um mit dem Holz seine Burgen und Dämme zu bauen. Weiterhin schärft er seine Zähne an der Rinde.

Der Biber besitzt zwei unterschiedlich große Pfoten. Die Vorderpfoten sind „eigentliche Hände", mit denen er alles geschickt festhalten und seine Erdbauten in die Uferböschung graben kann. Seine Hinterpfoten sind ans Schwimmen angepasst und sind mit Schwimmhäuten ausgestattet.

Wohl auffallendstes Merkmal des Bibers ist sein platter Schwanz (Kelle). Dieser besteht aus Horn, wie die menschlichen Fingernägel. Die Wirbelsäule führt im Innern des Schwanzes bis zur Schwanzspitze. Außer der Wirbelsäule, Sehnen und Fett gibt es nichts unter der Hornschicht. Der Biber speichert im Schwanz aber Fett für den Winter.

Bei Gefahr schlägt der Biber mit seinem Schwanz aufs Wasser um die anderen

Familienmitglieder zu warnen. Der Schwanz dient dem Biber ebenfalls als Ruder beim Schwimmen.

Der Biber besitzt eines der dichtesten Felle im Tierreich, was typisch für Wasser bewohnende Arten ist. Am Bauch ist das Fell am dichtesten und zählt bis 23'000 Haare pro cm 2. Oder noch eindrücklicher: macht man mit dem Kugelschreiber einen Punkt auf unsere Haut besitzt der Biber bis 300 Haare auf der Größe dieser Fläche. Das Dichte Fell verhindert, dass Wasser bis auf die Haut durchdringt. Im Winter schützt eine bis zu 3 cm dicke Fettschicht den Biber vor Auskühlung im Wasser. Die Analdrüse produziert eine Flüssigkeit, mit der der Biber sein Fell pflegt. Das Analdrüsensekret macht das Fell jedoch nicht wasserdicht. Dies wird alleine durch die Dichte der Unterwolle erreicht.

Kreßberger Geschichten

Josef Rauk war ein rechtes „Original".

Er war Friseur, Bader, Ehevermittler, Musikant, Schmußer (Viehhändler-Vermittler) und wurde in den Dörfern Seppel oder Knaisel (der Herumfahrende) genannt.Er trug einen einen imposanten Schnurrbart. Auf seinen Fahrten blieb er sehr gerne bei den Bauern sitzen, aß, trank und wettete.

Einmal verlor er seine Wette und die Hälfte seines Bartes. Zudem musste er, mit halbem Bart, eine Woche lang jeden Tag zu Mittag um 12.00 Uhr am Rathausplatz auf dem dicken unteren Ast der Dorflinde sitzen und Ziehharmonika spielen.

Derzeit hat Bergbronn ca. 331 Einwohner, liegt auf 515 m und wurde erstmals 1164 durch den Namen Beregerebrunne erwähnt. Es ist evtl. das Bergbronn, das 1164 dem Domstift Würzburg geschenkt wurde. 1423 erwarb auch Dinkelsbühl den Besitz. Später gehörte es zum Teil im Besitz von Ellwangen. Im 15. Jahrhundert ging es als Lehen an die von Wollmershausen zu Rechenberg und an die Inhaber von Kreßberg.

Die hohe Obrigkeit besaß Ansbach, das hier auch eine Zollstätte hatte. — Kirchlich gehörte es bis 1894 zu Marktlustenau, von dort ist die versuchte Gegenreformation gescheitert. Die Vogtei war im 18. Jahrhundert zu 2/3 rechenbergisch, der Rest gehörte Dinkelsbühl.

Beschreibung des Oberamts Crailsheim 1884

Auf das südlich von Waldtann gelegene Bergbronn wird eine strittige Urkunde von 1164 bezogen. Sehr viel wahrscheinlicher ist aber die Ersterwähnung in der Belehnung der Herren von Kreßberg durch den Würzburger Bischof 1322 und 1333.

Ansbach konnte sich in Bergbronn als hochgerichtliche Obrigkeit durchsetzen, doch über ihre Untertanen und deren Höfe behielten die Grundherrschaften die Vogtei und niedere Gerichtsbarkeit. Von den elf Gemeinrechten des Orts zählte nur eines zu Ansbach.

Fünf wechselten vor 1583 von der Fürstpropstei Ellwangen an das Rittergut Rechenberg. Die anderen fünf gehörten nach Dinkelsbühl, nach 1650 kamen eine gemeinsame Schmiede und ein Hirtenhaus hinzu, über die Dinkelsbühl die Vogtei wahrnahm. Bei den Versuchen, Lustenau zur katholischen Kirche zu bringen, bewiesen sich die Bergbronner als standhafte Anhänger der evang. Kirche.

Bergbronn, Krs. Crailsheim

Bergertshofen

 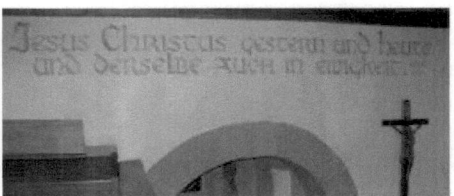

Nikolauskapelle Bergertshofen

In Bergertshofen wohnen derzeit 121 Menschen.

Erstmals erwähnt wird die Kapelle in Bergertshofen im Jahr 1370. Erbaut wurde sie wohl schon im 12. Jahrhundert als Kapelle. Darauf weist der romanische Chorbogen im Inneren hin.

Nachdem 2006 das Fundament an der Kapelle unterfangen worden war und die Bewegung des Mauerwerkes zum Stillstand gekommen ist, wurden im Herbst 2011 die Risse im Innern verschlossen und die Bemalung ausgebessert. (Das Unterfangen bietet eine Möglichkeit, ein Fundament nachträglich zu stabilisieren, zu verstärken oder gar zu ersetzen).

Namenspatron dieser Kapelle ist *Nikolaus*, der um das Jahr 300 Bischof von Myra in der heutigen Türkei war. Der Legende nach soll Nikolaus die Stadt Myra durch sein Gebet vor einer Hungersnot bewahrt haben. Dort ist er auch am 6. Dezember um das Jahr 350 gestorben.

Die Kapelle Bergertshofen ist Teil der Pfarrei Leukershausen. Die erste schriftliche Überlieferung von Bergbronn geht wahrscheinlich auf eine Schenkung zurück. Die Brüder Otto und Arno schenkten 1164 Beregerebrunnen an das Stift St. Kilian in Würzburg.

Bergertshofen war 1368 dann ursprünglich ein Personenname und ist wohl in der Ausbauzeit der Kapelle entstanden. Die evangelische Kirche, ehemalige Kapelle St. Nikolaus aus dem 12. Jahrhundert wurde 1370 erstmals erwähnt. Im 14. Jahrhundert erwarben Dinkelsbühler Bürger Rechte, ebenso das Stift Feuchtwangen, dessen Anteil 1563 Ansbach übernahm. 1732 besaß Dinkelsbühl mit der Vogtei über 3/4 von Bergertshofen, den Rest erhielt Ansbach, das auch die hohe Gerichtsbarkeit ausübte und zwar über den Hauptteil von Feuchtwangen und über den westlichen, durch die Jagst abgetrennten Teil von Crailsheim.

Bei der Nikolauskapelle handelt sich um einen kleinen Rechteckbau mit tonnengewölbtem Ostchor, darüber findet man einen Fachwerkturm mit der Jahreszahl 1598. Innen befindet sich ein alter, steinerner Altartisch sowie ein holzgeschnitzter Altarschrein, vermutlich aus der Spätrenaissance; weiterhin Wandgemälde aus dem Mitte 15. Jahrhundert. Diese wurden bei Renovierungsmaßnahmen erst 1950 aufgedeckt

 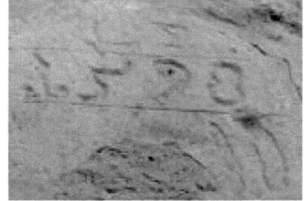

Originalzeichung aus dem Kochhäfele von 1989 Wandmalerei aus 1430

Heute wohnen 144 Menschen in Bergertshofen.

Haus Odi Bergertshofen (Foto Gemeinde)

Familie Förster aus Bergertshofen züchtet seit rund zehn Jahren den Edelkrebs aus dem Kreßberger Gemeindewappen. Sie setzt immer wieder Tiere aus, um sie in der Umgebung anzusiedeln.

In Bergertshofen befindet sich ein Waldfreibad mit großer Rutsche und Spielplatz für die Kleinen.

aus der Oberamtsbeschreibung Crailsheim (1884)

Bergertshofen ist ein freundlich im Kesselbachthal gelegener Weiler, dessen Häuser sich anmuthig um die Kapelle auf einer kleinen Anhöhe gruppiren. Die uralte romanische Kapelle zu St. Nikolaus ist ein derb massiver Bau mit einem stumpfen Thurm, in dessen Holzkuppel 2 kleine Glocken hängen, von denen die kleinere die Inschrift: ave maria half (sic) got trägt.

Die runden schwerfälligen Formen des Triumphbogens und Chors, die kleinen Mauerschlitze, die romanischen Kämpfer am Triumphbogen, sowie der Altar weisen auf ein hohes Alter. Außen weist die Zahl 1598 und L. Z. (Z verkehrt) auf einen Umbau am Dach. Ein kleiner schlecht erhaltener Heiligenschrein zeigt den h. Nikolaus, auf den beiden Flügeln Gott Vater und Sohn. Der Bach schied die Fraisch des Oberamts Crailsheim und Feuchtwangen.

1732 hat Dinkelsbühl 15, das Kastenamt Crailsheim 4, das Stift Feuchtwangen 2 Hintersaßen. Früher hatte der benachbarte Adel und Patriziat Besitz im Ort. 1395 verkauft Kaspar Wernitzer zu Rotenburg an Hans Schlierberger zu Dinkels-bühl ein Gütlein zu B. und das Gütlein „die Ru", 1429 Reinwolt v. Helmstadt und Anna von Dürrwangen ux. ein Gut an Engelhart Schmid zu D., 1435 Hans Wirt zu D. an Jörg Klaus die Hälfte eines Guts, dessen andere Hälf-te der St. Johannismesse in D. gehörte, 1444 Hans Töder zu D. an Hans Schrey-er zu Nürnberg ein Gut, 1609 Sim. Negelin v. B. ein Ohmdwiese in der Ruppas an Hans Neuberger von Halden.

1463 ertauschte Laz. Berlin von Hans v. Feuchtwangen ein Gut gegen das zu den Höfen, das Hans Veldner zu der Lintburg (bei Hall) zu einem Handroß baut (Dink. Arch.). Die Kapelle zu S. Nikolaus erscheint erstmals 1444 urkund-lich. Sie erwarb 1444 ein halbes Gut von Jörg Klaus, 1467 eine Wiese zu

A(b)sbach am Furt von Konz Clem, Marstaller zu Dinkelsbühl, 1488 Wiesen zu Halden am Ruppasbach neben des Heiligen von Matzenbach Wiese. Auch die Kirche zu Leukershausen hatte ein Gut, das sie 1482 mit Erlaubnis des B. Rudolf an Joh. Emhart verkauften, Dink. Arch.

Schild an einem Wohnhaus in Bergertshofen.

große Wanderung von Haselhof nach Ruhspitz

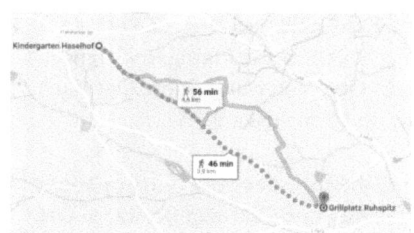 

Länge 4 km, Dauer 1 Stunde, wenn man sich Zeit lässt für eine Strecke.

Möchte man anders zurück laufen, empfiehlt es sich, die Strecke über das Freibad zu nehmen. Läuft man am Freibad weiter geradeaus, kommt man auf die Hauptstraße Richtung Bergertshofen. Start Kindergarten Haselhof. Geradeaus zum Wald laufen, die Straße immer geradeaus laufen bis zum Wasserturm, danach weiter geradeaus. Links ist der Abzweig zum Freibad Bergertshofen. Weiter laufen bis zum Grillplatz Ruhspitz. Der Grillplatz ist weitläufig gestaltet und hat einen schönen Spielplatz mit Schaukel und Seilbahn. Vor Ort sind Tische und Stühle fest montiert. Der Grill ist außen. In der Grillhütte befinden sich weitere Sitzplätze.

Fotos Lonja Mandlik

Erste Nennungen 1542 mit Breunoltsberg und 1566 Breinersberg. Diese waren zuerst Personennamen. Gehörte zum Rittergut Bernhardsweiler (heute Crailsheim).

Heute wohnen in Bräunersberg 23 Personen.

Fotos: Lonja Mandlik, Text: https://www.landesarchiv-bw.de
Hochbehälter Bräunersberg ca 1992, Foto Gemeindeverwaltung

Die Ersterwähnung von Bräunersberg erfolgte bei der Belehnung der Herren von Kreßberg mit Zehntanteilen in diesem Ort. Die Zehntverpflichtung zum Rittergut Kreßberg blieb bis zum Ende des Alten Reichs bestehen, doch andere Rechte und Güter standen Kreßberg hier nicht zu.

Die vier Güter des Weilers gelangten an das Rittergut Bernhardsweiler, zu dem auch Schönbronn gehörte, wobei hier eines der sechs Güter einen Grundherrn aus Dinkelsbühl hatte. In einer Dinkelsbühler Schenkungsurkunde von 1381 findet sich auch die sichere Ersterwähnung des Orts. In Bräunersberg wie in Schönbronn lag die Vogtei außerhalb des Dorfbezirks und die Hochgerichtsbarkeit bei Ansbach.

Mit den beiden vorherigen hatte Gaisbühl gemeinsam, dass alle drei nach Marktlustenau eingepfarrt waren und auch hier das Rittergut Kreßberg zehntberechtigt war, doch hatte das Rittergut Bernhardsweiler hier weder Grundbesitz noch Rechte.

Zwei Güter waren crailsheimisch, zehn gehörten nach Dinkelsbühl. Innerhalb des Dorfbezirks hatten die jeweiligen Grundherren auf den Höfen die Vogtei und niedere Gerichtsbarkeit, außerhalb lag sie wie die Hochgerichtsbarkeit bei Ansbach.

Beschreibung des Oberamts Crailsheim von 1884

Bräunersberg ist ein kleiner, hoch gelegener Weiler mit 4 Häusern südwestlich von Lustenau. Bräunersberg alt Brunoltsberg (vergl. Braunoldswiese OA. Hall und Bronnholzheim OA. Crailsheim) war eine Zugehör des Rittergutes Bernhardsweiler s. d. Der Zehnte aber gehörte der Herrschaft Kreßberg und war zur Hälfte würzburgisches Lehen. 1542 streiten die von Schönbrünnlin und Breunoltsberg mit Weidelbach wegen Hut und Trieb, Akt. des OA. Cr.

Gaisbühl liegt im Süden von Kreßberg. Hier wohnen derzeit 88 Personen.

Die erste Nennung war 1390 unter Geißbühl. Es lagen Hinweise auf eine Brandrodung vor. Die Vogtei (Machtbereich und Amtsgebäude eines Vogtes) lag bei überwiegend bei Dinkelsbühl. Beteiligt waren Ansbach und der Deutsche Orden; die hohe Obrigkeit beanspruchte jedoch Ansbach. Der Vogt regierte und richtete als Vertreter eines Feudalherrschers in einem bestimmten Gebiet im Namen des Landesherrn.

Rehe äsen rechts vor dem Ort

Gaisbühl

Mit Bräunersberg und Schönbronn hatte Gaisbühl gemeinsam, dass alle drei nach Marktlustenau eingepfarrt waren und auch hier das Rittergut Kreßberg zehntberechtigt war, doch hatte das Rittergut Bernhardsweiler hier weder Grundbesitz noch Rechte.

Zwei Güter waren crailsheimisch, zehn gehörten nach Dinkelsbühl. Innerhalb des Dorfbezirks hatten die jeweiligen Grundherren auf den Höfen die Vogtei und niedere Gerichtsbarkeit, außerhalb lag sie wie die Hochgerichtsbarkeit bei Ansbach.

Der Eselsbrunnen von Gaisbühl. Die Post wurde früher von Dinkelsbühl nach Crailsheim per Esel transportiert. Am Eselsbrunnen konnten die Esel an den Quellen Wasser trinken und wieder Kraft schöpfen. Die Quelle ist bis heute aktiv. (Aus Kirchenkalender 2020 Kirchengemeinde Marktlustenau-Waldtann)

Ältestes Haus in Gaisbühl
(Aus Kirchenkalender 2020 Kirchengemeinde Marktlustenau-Waldtann)

Sonnenblumen auf einem Feld vor Gaisbühl
(Aus Kirchenkalender 2020 Kirchengemeinde Marktlustenau-Waldtann)

Gaisbühl

frei nacherzählt nach einer mundartlichen Erzählung über Gaisbühl

Gaisbühl war zuerst eine Siedlung, die westlich neben dem Hertlesweier auf einem Hügel gelegen hat, da wo jetzt die Obstbäume stehen. Ursprünglich gab es drei Weiher. Im angrenzenden Wald kann man noch die früheren Dämme sehen.

Der Name Gaisbühl kommt vielleicht von geiseln, es gibt auch ein Geiselfeld, da wurden früher Menschen gegeiselt. Und weil die Siedlung auf einem Hügel lag un der Ort Gaisbühl hügelig ist, könnte man das so ableiten. Aus Geisel und Bühl wird Gaisbühl. (Bühl steht für: Hügel, altertümliche Bezeichnung – dort auch zur Namenkunde).

Oft haben sich Namen auch vom Flurnamen oder vom Berufsbild abgeleitet. In Gaisbühl haben viele Felder und Wiesen einen Namen. Z. B. Der Name Kohlacker von den Kohlemeilern, die der Herstellung von Holzkohle dienten.

Auch finden wir den Sandacker, er hat einen sandigen Boden oder das Veitsfeld, den Veitsgraben, das Jackenfeld oder den Steinbruchacker (früherer Steinbruch), das Breitfeld, den Lahmbuckel (Lehmhügel), die Schützenhalde, den Trudenacker, die sauren Wiesen (heute Naturschutzgebiet) und weitere andere. Gaisbühl hat sogar einen Berg, den Kroppberg (bei Schönbronn) (Aus Kirchenkalender 2020 Kirchengemeinde Marktlustenau-Waldtann)

Halden wurde 1317/22 erstmals erwähnt. Aus Dinkelsbühler Bürgerbesitz erwarb Hans von Seckendorff hier 1531 einen Hof, der gesamte Grundbesitz gehörte in der Folge zum Kreßberger Rittergut. Die hohe Obrigkeit lag in diesen drei Orten bei deren Inhabern. Die hohe Gerichtsbarkeit beanspruchte Ansbach.

In Halden wohnen 9 Personen.

Beschreibung des Oberamts Crailsheim von 1884

Halden ist ein kleiner im Wiesenthal des Haugen- und Ruppesbachs gelegener Weiler mit 4 Häusern gerade dem Tempelhof gegenüber. H. (der Abhang) gehörte ganz zur Herrschaft Kreßberg.

1531 erwarb H. v. Seckendorf das Gut Luc. Berlins zu H. St.A.

1521 vertrug sich die Gem. Halden mit Waldthann über Hut und Trieb, s. Waldth. Zur Zeit der Gegenreformation hielt H. streng am evang. Glauben fest.

1643 wurde ein Bürger zu H. um 10 Thaler gestraft, weil er sein Kind vom Pfarrer zu Waldthann statt vom „Sacrificulus" zu Lustenau taufen ließ. Kb.

Den kleinen Zehnten gaben die Knöringer dem kath. Pfarrer zu L.

Zu beachtende Flurnamen gibt eine Urkunde: 1446 verkauft Hans Diemer v. Rötendorf (bayr.) an Heinz Huber v. H. 1/4 Holz am Haubenberg zwischen Tann und Lustenau, 1/4 an der Vogelhai bei Halden etc. St.A. 1472 verkauft Leonh. Diemer v. Gaisbühl 1 Tagw. Wiesen am „Ruppesbach" zu Halden an H. Eberhart v. Horschhausen.

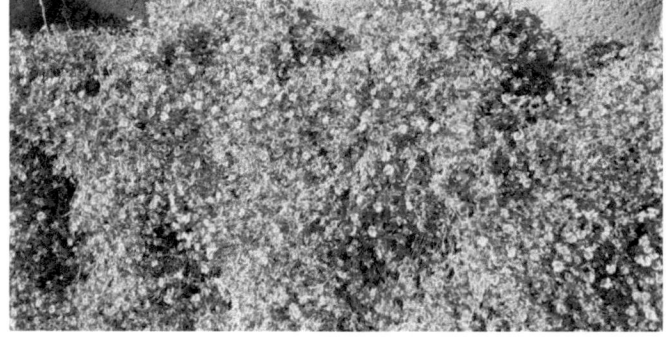

Der Haselhof wurde um 1500 erbaut, doch waren schon 1393 Feldgüter in der Haslach-klinge verkauft worden. 1568 erwarb Dinkelsbühl Untertanen. 1698 war Haselhof ansbachisch.

Klingen sind durch Wasser- und Schutt-Erosion entstandene kleine Kerbtäler und in der Regel Seitentäler größerer Täler. Sie bilden kurze, schmale, aber gefällestarke Tälchen ohne Talboden.

In Haselhof wohnen 547 Personen. Der Kindergarten und die Kinderkrippe von Kreßberg sind hier, ein Teil der Kreßberger Feuerwehr und auch die Gemeindehalle sind hier zu finden. Haselhof hat viele Vereine, die extra beschrieben werden.

Beschreibung des Oberamts Crailsheim von 1884

Haselhof, alt Haselach ist ein fast unmittelbar an Marienkappel anstoßender Weiler an der Haselachklinge (= Wasser an den Haselstauden). Haselhof ist von der Staatsstraße durchschnitten. 1732 Haselhof hatte 8 fürstlich brandenburgische Kammergüter, gab aber den Zehnten nach Dinkelsbühl. 1561 wird die Gemeinde Haselhof mit Marienkappel über Hut und Trieb vertragen. 1698 kauft der Rentmeister Mur von der Stadt Dinkelsbühl Unterthanen und Waldungen in Haselhof und Selgenstatt. 1634 am 9. Jan. wurde ein Mann von H. am Siechhaus zu Dinkelsbühl von schwedischen Reitern ermordet.

Spielplatz Haselhof und Quelle an der Töpferei

In Haselhof gab es sehr alte und interessante Gebäude, die heute so nicht mehr erkennbar sind. So war früher die Gemeindeverwaltung Haselhof im heutigen Kindergarten untergebracht. Seit Februar 2013 ist die Krippe in Betrieb, seit 2016 ist diese zweigruppig. Hier bestehen optimale Betreuungsmöglichkeiten für 20 Kinder unter drei Jahren. Im Kapitel Mariäkappel – Gemeinde und Kindergarten finden Sie weitere Informationen.

Alter Spielplatz Haselhof (neben der alten Schule)

Brunnenfest und die Kreßberger Vor-Wiesen sind ein fester Bestandteil in Haselhof

Feuerwehreinsatz am 23.06.2021,
Gemeindehalle und Kindergarten Haselhof

Die Anwohner der Gemeindehalle und des Kindergartens wurden in den frühen Morgenstunden durch Feuerwehrsirenen geweckt. Die Gemeindehalle würde wohl brennen. Was für ein Schreck! Die Halle wurde seit 2020 neu saniert und war fast fertig!

Die Kindergartenleiterin hatte beim Aufschließen morgens um 7 Uhr Rauch bemerkt und gesehen, dass es in der Gemeinde-Halle flackert. Die beiden Gebäude sind direkt durch eine Tür miteinander verbunden. Sie hatte sofort die Feuerwehr gerufen. Viel ist zum Glück nicht abgebrannt, nur ein Teil der Bühne.

Gott sei Dank, es waren noch keine Kinder da. Danke an die Feuerwehr, ihr wart super schnell da. Fotos Lonja Mandlik, Gemeinde Kreßberg

Die Junge Bühne Kreßberg e. V. ist schon lange kein Geheimtipp mehr. Die kleinen und großen Künstler begeistern jährlich zahlreiche Gäste zu ihren Sommer- und Wintertheater-Premieren im Waldfreibad in Bergertshofen oder der Linus Event Halle in Marktlustenau.

„Es begann eigentlich mit unserem Schulabschluss und dass wir nicht aufhören wollten, Theater zu spielen", erzählt Eva Henk, zweiter Vorstand und von Anfang an Mitglied der Jungen Bühne.

Also wurde 2017 kurzerhand aus der Theater-AG der Schule am Kreßberg heraus ein gemeinnütziger Verein gegründet. 40 aktive Mitglieder im Alter zwischen 8 und 24 Jahren zählt das Ensemble um die ehrenamtliche Theaterregisseurin, Drehbuchautorin und Kostümbildnerin Uta Fischer-Ilgenfritz, die jedem Mitglied der Schauspieltruppe nicht nur eigenhändig das passende Kostüm, sondern auch eine ganz individuelle Rolle auf den Leib schneidert. Das ist oft gar nicht so einfach. „Unsere Stücke wählen wir gemeinsam aus und besprechen, welche Rolle zu wem am besten passt. Meist wollen dann alle 40 Mitglieder unseres Vereins auf der Bühne stehen", lacht Eva. „Am Anfang möchte keiner viel Text und am Ende umso mehr", fügt Uta schmunzelnd hinzu.

Die Stücke entwickeln sich mit den Charakteren und die Rollen verändern sich im Lauf der Proben. „Da ist von allen einfach viel Herzblut dabei." Die Stoffe schreibt Uta selbst und lässt sich dabei von den jungen Schauspielern inspirieren, die hauptsächlich aus Kreßberg und der näheren Umgebung stammen.

MAMMA MIA
goes Hollywood

Freitag   22.11.2019   19 Uhr
Samstag   23.11.2019   19 Uhr
Linus Event-Halle
Kreßberg-Marktlustenau
Hirschbergstraße 9 · Es wird bewirtet

Junge Bühne Kreßberg, The Sloths, Chor RaK Crailsheim

5. Kreßberger Freilichtspiele

ALICE IM WUNDERLAND

23., 24., 25.07.2021 jeweils 19.30 Uhr
Freibad Bergertshofen, Kreßberg

Kartenvorverkauf unter
jufi.theater@gmail.com/07957-926299

Es wird bewirtet
Junge Bühne Kreßberg e.V. mit musikalischer Begleitung der Band Lyrebird

Hier kennt jeder jeden von klein auf und der Zusammenhalt in der Gruppe und in der Gemeinde ist einzigartig. „Wir erhalten viel Unterstützung von der Gemeinde. Vor allem der Bademeister, Hermann Höneise, steht uns im Waldfreibad zur Seite und auch auch die Eltern packen kräftig mit an und helfen beim Auf- und Abbau und bei der Bewirtung", berichtet Eva.

Mit so viel Engagement konnte die Junge Bühne Kreßberg schon einiges auf die Beine stellen. Angefangen von den jährlichen Sommer- und Wintertheaterstücken über Musical-Medleys und Auftritten beim Volksfestumzug in Crailsheim bis hin zur Veranstaltung von Benefizkonzerten, einer Motto-Modenschau im Seniorenpark sowie einer jährlichen Tombola für Jung und Alt.

In einem Jahr lösten die Gäste mit der Jungen Bühne gemeinsam einen Mordfall beim Krimi-Dinner. „Kult-Nacht" mit Open Air Kino und Konzert des Akustik-Trios „Lyrebird" aus Crailsheim im Waldfreibad Bergertshofen. „Wir wollten den Leuten während Corona etwas Kultur bieten", erklärt Eva die spontan geplante Aktion.

Den nächsten Auftritt können die Mitglieder der Jungen Bühne kaum erwarten. „Täglich bekomme ich Anfragen, wann es denn wieder mit den Proben losgeht", berichtet Uta.

Einige Vögel aus unserem Garten

Star

Specht

Sperling

Rotkehlchen

Gimpel

Kohlmeise

Amsel   Drossel   Eichelhäher

Taube   Grünfink

Zaunkönig

Magnolienbaum in Haselhof und Rätsel
Blumen auf unseren Wiesen und im Garten,
Rätsel, wer kennt den richtigen Namen?

Frühlings-Nabelnüsschen, Taub-
nessel, Wiesenschaumkraut, Veil-
chen, Walderdbeere, rote Licht-
nelke, Leberblume, Lerchensporn,
Löwenzahn, Scharbockskraut,
Schneeglöckchen, Waldgelbstern,
Maiglöckchen, Lungenkraut,
Gänseblümchen, Buschwind-
röschen, Trollblume, Glocken-
blumen, Traubenhyazinthen

Rätsel, wo steht dieser schöne Magnolienbaum?

61

Hohenberg

Früher auch Hohenbuch genannt, an einem alten »Hohen Weg«, von etwa 1360 an zwei Halbhöfe, die mit Mariäkappel über Hohenlohe an Ansbach kamen. Hohenberg ist ein Weiler im Ortsteil Mariäkappel der Gemeinde Kreßberg. In Hohenberg wohnen 13 Personen.

Windhose in Hohenberg

Text und Fotos Roland Hofmann
Am 6. Mai 1968 bildete sich bei einem heftigen Gewitter eine sogenannte Windhose, die über Hohenberg, Wüstenau, Waidmannsberg, Leukershausen bis Haundorf zog. Am Rand der Windhose richteten zudem auch noch orkanartige Windböen große Schäden an. In Hohenberg wurden sämtliche Dächer abgedeckt und die Scheune der Familie Glaßbrenner emporgehoben, wieder zu Boden geschmettert und dabei vollkommen zerstört.

Beschreibung des Oberamts Crailsheim von 1884

Hohenberg ist ein kleiner Weiler mit 4 Häusern 2 km südlich von Mariäkappel und liegt hoch in waldreicher Umgebung. Der Weiler hieß bald Hohenberg bald Hohenbuch. 1357 gehörte der Zehnte zu Hohenberg zum hohenlohischen Amt Crailsheim (Gültb. v. 1357). 1366 hatte den halben Zehnten zu Hohenbuch Appel von Crailsheim als hohenlohisches Lehen und verkaufte ihn an Lupold von Wolmershausen, s. oben. Kunz v. Ellrichshausen empfängt ca. 1350 1/2 Hof zu Hohenbuch als hohenlohisches Lehen, W. F. 6, 439. Im 15. Jahrh. gab Arn. Peißer von Beurlbach 1 M. Wiese zu Hohenbuch, welche Kleinhans von Wüstenau hatte, an die Kirche zu Crailsheim, W. F. 10, 43. 1565 erkaufte Markgr. E. Friedr. einen Bauernhof zu H. von Leonh. Meckenhauser, St.A.

Im Jahr 1732 war nur ein in 2 Hälften getheilter Hof in Hohenberg, von dem die eine Hälfte den Geyer von Goldbach und dann Preußen, die andere Brandenburg zustand.

Wanderung von Hohenberg nach Schwarzenhorb und zurück

Länge: 3,67 km, Dauer: 1 Stunde

Start am Schild Schwarzenhorb / Hohenberg. Den Weg geradeaus Richtung Hohenberg gehen. Durch den Ort durch an der Streuobstwiese vorbei bis zum Wald. Dem Wanderweg nach links folgen. Wir sehen links Hohenberg.

Vor uns sehen wir Schwarzenhorb. Wir gehen an den Pferdekoppeln vorbei durch den Ort und sehen links das Schild Schwarzenhorb / Hohenberg.

Der Engel des Herrn rührte Elia an und sprach:
Steh auf und iss!
Denn du hast einen weiten Weg vor dir.   1.Könige 19,7

Bilder entnommen aus dem Kalender 2021 Kirchengemeinde Marktlustenau-Waldtann

Der Mond ist aufgegangen, die goldnen Sternlein prangen am Himmel hell und klar. Wie ist die Welt so stille und in der Dämmerung Hülle so traulich und so hold
Der Wald steht schwarz und schweiget und aus den Wiesen steiget als eine stille Kammer, wo ihr des Tages Jammer verschlafen und vergessen sollt.
der weiße Nebel wunderbar. Matthias Claudius

Was kann ich im Freien tun?

Trimm-Dich-Pfad am Schönebürg zwischen Crailsheim und Kreßberg mit sehr schönem Kinderspielplatz, Anfahrt: von Crailsheim auf der L 1066 Richtung Kreßberg fahren oder andersherum.

Vor Ort befindet sich ein großer Parkplatz mit Mülleimer. Am Kinderspielplatz sind mehrere Mülleimer aufgestellt. Bitte nichts in den Wald werfen. Der komplette Weg ist ausgeschildert, teilweise überschneidet er sich mit den Wanderwegen des Schwäbischen Albvereins.

Der Rundgang hat eine Strecke von 2,5 km und kann trotz Hügeln auch mit einem Kinderwagen oder Buggie bewältigt werden. Insgesamt, wenn man langsam läuft, braucht man 30 min. Benutzt man die Sportgeräte, dann etwa 50 min. Der Jogger benötigt 15 min.

Der Weg ist recht hügelig, nach Regenfällen matschig. Da auch relativ steile 2 Treppen vorhanden sind, ist dieses Gelände leider nicht für Rollstuhlfahrer geeignet. Der Spielplatz ist mit Sandkasten, Rutsche, Schaukel, Wippetier/ Wippe, diverse Klettergeräte, Seilbahn ausgestattet.

Folgende Geräte kann man benutzen:

- Am Start hängende Ringe für das Ringe turnen oder z.B. Klimmzüge. Für zwei Personen (2 x 2 Ringe)
- Holztore zum Drüber klettern/ Springen/ drunter klettern
- Zwei Reckstangen, unterschiedliche Höhen für das Reckturnen oder z.B. Klimmzüge.
- Baumstamm mit eingeritzten Stegen, um die Füße dehnen zu können - Stege unterschiedlich hoch angebracht
- Baumstümpfe ungefähr Hüfthoch - Höhe ebenfalls unterschiedlich - zum Drüber springen beim Joggen
- Zwei horizontal angebrachte Sprossenleitern zum Durchhangeln oder z. B. Klimmzüge
- 3 Balancierbalken in unterschiedlicher Höhe insgesamt ca. 15 Meter lang
- 3 Baumstämme in einer Anordnung um Sit-Ups machen zu können, Liege-stützen, Bachmuskeltraining
- Ein Barren zum Durchhangeln
- Sprossenleiter vertikal für diverse Bauchmuskelübungen
- Horizontal angebrachte Balken zum Drüber springen während des Joggens
- Ein Seil zum Schwingen/Turnen/Hochziehen etc.

Im Winter kann man auf der Nebenstrecke sehr gut Ski laufen. Eine Loipe ist vorhanden.

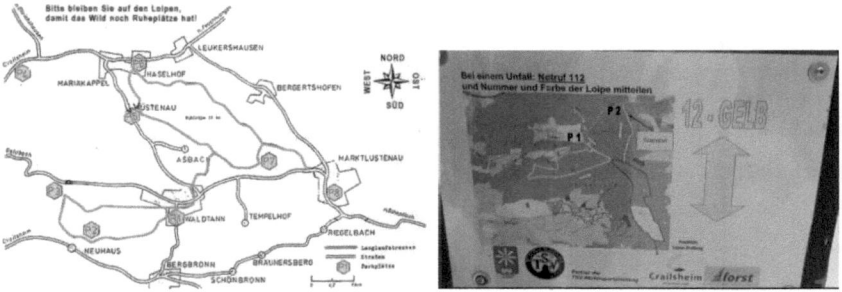

Bilder entnommen aus den Kalendern 2020 / 2021 Kirchengemeinde Marktlustenau-Waldtann

69

Was hat Kreßberg mit Krebsen zu tun?

Kreßberg ist durch Zusammenschluß der vier ehemaligen Gemeinden Leukershausen, Mariakappel, Marktlustenau und Waldtann im Rahmen der Gemeindereform zum 01.01.1973 entstanden.

Den Namen und das Wappen erhielt die Gemeinde von den im 13. und 14. Jahrhundert auf dem Kreßberg bei Marktlustenau ansässigen Herren von Kreßberg, die einen Krebs im Schild führten.

Laut Hohenloher Tagblatt vom 12.9.2020 züchtet Familie Förster aus Bergertshofen den Edelkrebs. Sie setzt immer wieder Tiere aus, um sie in der Umgebung anzusiedeln.

Hohenkreßberg

Blick nach Hohenkreßberg, 20.05.2021

Postkarten und Fotos privat

Eine Allee führt von Marktlustenau (»Lustenau« vcn »anmutige Au«) zum

Burgweiler Hohenkreßberg und der Burgruine, wo von der in Spornlage erbauten mittelalterlichen Burg noch Gräben und Wälle erhalten sind.

Im Ort oberhalb der Ruine wohnen 28 Menschen.

Hohenkreßberg

Burgruine Hohen-Kreßberg und
Wallfahrtskapelle Hohenkreßberg

Die Ruine der Burg Hohenkreßberg, früher auch Kreßberg genannt, ist der
Rest einer Höhenburg auf dem 511 m. ü. NN hohen Kreßberg im Ortsteil Hohenkreßberg der Gemeinde Kreßberg. Leider sind nur noch wenige Steine zu
sehen. Adresse: Kapellenweg 4, 74594 Kreßberg
Die Burg wurde im 13. Jahrhundert von den Herren von Kreßberg erbaut. Die
erste urkundliche Erwähnung war um 1303, weitere Erwähnungen folgten
1333 und 1345. Nach den Herren von Kreßberg wechselte die Burg mehrmals
die Besitzer.
1545 wurde die Herrschaft Kreßberg an Ulrich von Knöringen, Amtmann in
Crailsheim, verkauft. 1648 brannte die Burg nieder, und 1723 wurde im Gra-
benbereich der Burg eine Wallfahrtskapelle errichtet. Die ehemalige
Burganlage verfügte über einen Halsgraben (Hanggraben), einen Randwall
und einen Wassergraben. Die ausführliche Geschichte finden Sie im Kapitel
Marktlustenau.

In der Kapelle, vor dem Umbau und während des Umbaus 05/2021

Leukershausen

Leukershausen war bis zum Ende des 17. Jahrhunderts ein reines Bauerndorf. Danach siedelten sich westlich des alten Ortskernes mehrere Handwerker an, die auch kleine Landwirtschaften betrieben. Dieser „neuere" Ortsteil wurde bis in die 1950er Jahre als „Vorstadt" bezeichnet und die Bewohner von den Bauern etwas abschätzig als „Vorstädter" tituliert.

Von Leukershausen ist die erste Nennung aus dem Jahr 1317 erhalten. Damals hatte Kraft von Klingenfels Besitz zu Luggershusen. Es gilt jedoch als sicher, dass das Dorf älter ist und ursprünglich wie das übrige heutige Gemeindegebiet zu dem Besitz der Herren von Lare (Lohr) gehörte, einem der bedeutendsten Edelgeschlechter Frankens. Am 15. Aug. 1632 und 09.01.1634 erlitt der Ort eine harte Plünderung von den Schweden (Im 30jährigen Krieg). Leukershausen wurde 1802 bayerisch, 1803 preußisch, 1806 wurde der ganze Ort bayerisch und 1810 fiel er an Württemberg.

Später waren besonders Dinkelsbühler Bürger hier begütert. Oft teilten sich mehrere Herren den Ort. Bis 1848 war Leukershausen verwaltungsmäßig mit Mariäkappel verbunden. Leukershausen steht auf dem untersten Sporn des Kappelbergs rechtsseits von Haselbach und abfließendem Langenbach auf einer Höhe von 478 m ü. NHN. Heute wohnen 212 Menschen hier. In der alten Schule befindet sich seit 1992 heutzutage das Gemeindehaus.

Eine ausführlichere Version der Ortsgeschichte finden Sie weiter hinten.

Text und Bilder zur Verfügung gestellt mit freundlicher Unterstützung der Evangelischen Verbundkirchengemeinde Leukershausen-Mariäkappel, zusammengestellt von Roland Hofmann, Leukershausen. Namenspatron der Kirche ist Johannes, der Evangelist. Er war einer der 12 Apostel und verfasste ein Evangelium, drei Briefe und die Offenbarung. Vor seiner Berufung zum Apostel war er Fischer. Nach der Legende wurde er in Ephesus aufgefordert, den Göttern zu opfern, oder den Giftbecher zu trinken. Als er über dem Becher das Kreuz schlug, entwich das Gift in Form einer Schlange und er trank ohne Todesfolge. Um das Jahr 100 starb er in hohem Alter in Ephesus. Sein Gedenktag ist der 27. Dezember. Sein Attribut als Apostel ist der Kelch, als Evangelist ist es der Adler.

Kirchenbau und Renovierungen

Die ältesten Bauteile der Kirche sind die beiden unteren Geschosse des Turmes mit dem gotischen Chorraum. Den Schlussstein des Chorgewölbes ziert das Wappen der Herren von Ellrichshausen, welche zu Beginn des 15. Jahrhunderts, als die Kirche neu erbaut wurde, auf der Burg in Haundorf saßen und damals noch zur Pfarrei Leukershausen gehörte. 1758 wurde das Kirchenschiff abgebrochen und in der heutigen Form neu erbaut. Eine Innenrenovierung erfolgte 1964, wobei neun Weihekreuze im Chorraum freigelegt werden konnten.

 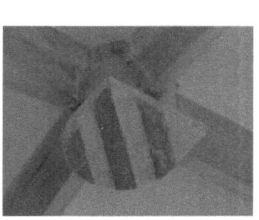 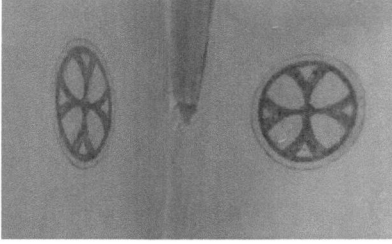

Gleichzeitig wurde das spätgotische Kruzifix neben der Kanzel aufgehängt sowie Bestuhlung und Fußboden den modernen Bedürfnissen angepasst. 1985 erfolgte eine Renovierung der Außenfassade.

Der größte Schatz der Kirche ist der so genannte Zwölfbotenaltar. Diese Schnitzerei ist wohl der Rest eines Flügelaltars und entstand Anfang des 16. Jahrhunderts. Der Meister dieses Kunstwerks ist unbekannt, doch es wird vermutet, dass er aus der Schule Tilman Riemenschneiders stammt. Das Holzrelief zeigt Christus und die Apostel. In der Mitte, alles überragend, thront Christus als Weltenrichter auf einer Wolke. Neben ihm, ebenfalls auf Wolken, sitzen Petrus mit dem Himmelsschlüssel und Johannes der Evangelist mit dem Kelch. Links von Petrus ist Andreas, erkennbar am Balkenkreuz. Rechts von Johannes steht Jakobus der Ältere mit Hut, Muschel, Pilgerstab und Flasche. In der unteren Hälfte des Altars sind die übrigen acht Apostel angeordnet. Sie halten die Marterwerkzeuge in Händen, mittels derer sie zu Tode kamen. Von links erkennt man Thomas mit der Lanze, Bartholomäus mit dem Messer und Matthäus mit dem Beil. Jakobus der Jüngere hält die Walkerstange, Simon Zelotes eine Säge. Dann folgen Philippus mit dem Kreuzstab, Judas Thaddäus mit der Keule und Matthias mit der Lanze. Im Altartisch ist eine Reliquie eingemauert. Es handelt sich um einen gotischen Flaschenfuß mit Knochen-resten, deren Herkunft sich leider nicht zurückverfolgen lässt. Auf dem Tisch stehen meist zwei Leuchter, welche 1791 von Anna Margaretha Wohnbach aus Waidmannsberg gestiftet wurden. Vor dem Altar ist ein Herr von Seinsheim begraben, der Burgherr in Haundorf war.

Der Verbleib seines Grabsteins ist unbekannt.

Die Glasfenster im Chorraum wurden 1933 von Adolf und Wilhelm Saile aus Stuttgart geschaffen. Das östliche Fenster ist durch den Altaraufsatz verdeckt und zeigt die Initialen P und X, Pax Christi, für Christus. Das südliche Fenster zeigt die Buchstaben A und O, griechisch Alpha und Omega. Es steht im christlichen Sinne für Anfang und Ende.

Neben dem Altar steht noch ein Vortragekreuz, welches früher bei Beerdigungen verwendet wurde. Es wurde 1857 von Michael Mittelmeier aus Bergertshofen gestiftet. Der gekreuzigte Christus steht auf einem Totenkopf. Die Kreuzenden sind mit Engelsköpfen verziert. Es symbolisiert den Sieg Christi über den Tod. Ein etwas schlichteres Kreuz aus der Mitte des 19. Jahrhunderts ist heute noch bei Beerdigungen im Einsatz.

In der Brüstung der Empore sind zwei Namenstafeln mit der Jahreszahl 1758 eingelassen, die noch aus der Zeit stammen, als die Kirchstühle platzweise verkauft wurden. Weitere Namen sind auch einfach in die Balken hinein geschnitzt. Auf einer der Tafeln ist der Name des Zimmermeisters Johann Adam Fohrer von Haselho zu lesen, der 1758 das Dac des Kirchenschiffneubaus errichtete.

Den Taufstein direkt unter dem Chorbogen stiftete 1762 Georg Andreas Breitschwert von Leukershausen.

Seit Oktober 2009 befinden sich an der Wand über dem Chorbogen vier Wappen.

Quellenangaben zufolge waren im 18. Jahrhundert an dieser Wand die steinernen Wappen der Stadt Dinkelsbühl, der Hospitalstiftung, des Spitalpflegers und des Spitalschreibers zu sehen, was für die Ansbacher Markgrafen jedoch eine unerträgliche Provokation darstellte. So ließen sie die Wappen kurzerhand abschlagen. Auf diese historische Begebenheit nehmen die heutigen Holztafeln Bezug und zeigen von links das Stadtwappen von Dinkelsbühl, die Familienwappen des Spitalpflegers Steeb und des Spitalschreibers Kern und die gekreuzten Schlüssel der Hospitalstiftung.

Geschichte des Turmes und der Glocken

Nachdem der obere Fachwerkteil des Turmes 1830 einzustürzen drohte, ersetzte man ihn durch massives Mauerwerk. Die drei Glocken, von denen die älteste aus dem 14. Jahrhundert stammt und die Inschrift „AVE MARIA GRACIA PLENA DOMINUS TEEUM TU IN MUL" trägt, hingen bis zum 1. Weltkrieg im Turm. Zwar mussten zwei davon für Rüstungszwecke abgeliefert werden, doch schon 1919 bzw. 1925 konnten sie ersetzt werden. Erstere, die Betglocke, trägt die Inschrift „Nun aber bleibet Glaube, Hoffnung, Liebe". Die Glocke von 1925 musste bereits 1942 im 2. Weltkrieg wieder abgeliefert werden. 1953 ersetzte die Kirchengemeinde diesen Verlust mit einer neuen, der heute größten Glocke mit der Inschrift „Dein Reich komme". Eine vierte Glocke mit der Inschrift „Verleih uns Frieden gnädiglich" ergänzt seit 1966 das Geläut.

Urkundlich erstmals erwähnt wurde ein Pfarrer an der hiesigen Kirche im Jahr 1279/85 (?). Seit 1368 übte das Spital in Dinkelsbühl das Patronatsrecht an der Kirche aus, das heißt, es hatte das Recht, die Pfarrstelle zu besetzen. Zusätzlich hatte die Hospitalstiftung aber die Baulast an Kirche, Schul- und Pfarrhaus sowie der Nikolauskapelle in Bergertshofen zu tragen. Das führte oft zu mancherlei Ärger mit den Ortsherren von Leukershausen, den Markgrafen von Brandenburg-Ansbach. Das Patronatsrecht wurde um 1856 abgelöst.

Zur Pfarrei gehörten in früheren Zeiten neben den Orten Bergertshofen, Haselhof, Selgenstadt, Vötschenhof und Waidmannsberg auch noch Altersberg, Haundorf und Gumpenweiler. Altersberg und Haundorf wurden 1569 und Gumpenweiler 1811 nach Unterampfrach umgepfarrt. Die Reformation wurde 1534 durchgeführt. 1927 verließ der letzte ständige Pfarrer Leukershausen. Seit dieser Zeit ist der Pfarrer von Mariäkappel gleichzeitig auch für Leukershausen zuständig. Der Friedhof war früher um die Kirche angelegt, wurde jedoch 1835 an den Südrand des Ortes verlegt. Der ummauerte Friedhof und der massive Turm mit seinen Schießscharten dienten in früheren Kriegszeiten als Zufluchtsort für die Bevölkerung.

Pünktlich zum Reformationstag 2010 konnten sich die Gottesdienstbesucher über ein neues Lutherbild in der Johanneskirche freuen. Ein Gemeindeglied, das ungenannt bleiben möchte, hat eine etwa 100 X 70 cm große Reproduktion des bekannten Porträts von Lucas Cranach gestiftet. Dieses Bild hat schon mindestens zwei Vorgänger in der Kirche gehabt, denn schon 1883 und 1917 finden sich entsprechende Eintragungen in den Kirchenbüchern. Bei der In-ne-nrenovierung Anfang der 1960er Jahre wurde das Vorläuferbild entfernt und nicht wieder aufgehängt. Wir sagen dem Spender herzlichen Dank.

Die Orgel in der Johanneskirche in Leukershausen

Die Orgel wurde 2012 erworben. Sie hatte ursprünglich ein barockes Pfeifen-
prospekt von 1784. Dieses wurde 1981 durch ein neues ersetzt.

Grenzstücke um 1930, Landesarchiv Baden-Württemberg

Haus Jackel, Leukershausen, Foto: Roland Hofmann

Rathaus Leukershausen, 1920, Foto Archiv Gemeinde Waldtann

Das Steinkreuz von Leukershausen steht links neben dem Kreßberger Backhaus in Leukershausen. Es ist in etwa 70 cm hoch, 52 cm breit und ca. 24 cm tief. Ein Arm ist abgebrochen. Das Steinkreuz ist aus Sandstein.

Als 2000 das Dorffbackhaus neu erbaut wurde, wurde das Kreuz umgestellt. Vorher stand es ca. 100 m weiter südwestlich auf dem Kappelberg. Der Kappelberg war eine markante Höhe im Ortskern. Hier stand die Schafscheuer (ein Schafstall der Gemeinde).

Laut einer Sage erschlugen sich in einer besonders schweren Hungerszeit hier zwei Schäfer. 1970 wurde es an die Südseite des Kirchturms versetzt und danach 1981 an den Kappelberg und dann 2000 an den jetzigen Ort. (Aus: http://www.kreuzstein.eu)

4. Advent 2012 in der Johanneskirche   2011 wurde das Dach am
Gemeindehaus im Winter stark beschädigt, 2012 erfolgte eine Dachreparatur.
Bilder: https://www.kirchengemeinde-mariaekappel-leukershausen.de/

Leukershausen, Backhaus

Einweihung des Backhauses von Leukershausen, 15.06.2001

Bilder aus dem Archiv der Gemeindeverwaltung und Bild von 2021. Der Verein Dorfgemeinschaft Leukershausen übenahm 2024 das Kreßberger Backhaus.

Leukershausen Ortsgeschichte von
ca. 850 bis 1970,
aus https://www.leo-bw.de

historische Namen:
Lukershusen 1285 [1285/86]
Luggershausen 1317
Lyechartshusen 1345
Luckerthusen
Luetershusen

Der Landvermesser und Landesbeschreiber Johann Georg Vetter
(1681–1771) wurde in Leukershausen geboren

Als »-hausen«-Ort mit Johannes-Patrozinium ist die Entstehung der Siedlung
Leukershausen in der Zeit des frühmittelalterlichen Ausbaus um 850 zu ver-
muten. Der Name (1285 »Lukershusen«, 1317 »Luckerthusen«, 1351 »Luetershusen«) ist wohl auf den Personennamen Ludger oder Liutger zurückzu-
führen und in den Quellen schwer von Lickartshausen (Gemeinde Westgartshausen) zu unter-scheiden, wohin die im 14. und 15. Jahrhundert genannte
gleichnamige Familie gehörte.

Ältere Siedlungsspuren sind nicht zu finden, die Reste einer Befestigung auf
dem Eichelberg sind zeitlich nicht einzuordnen und hinterließen keine Spuren
in den Quellen. Oberhalb des Dorfs zwischen Leukershausen und Hungertal
gelegen gab es im 15. Jahrhundert drei Seen, später ist von fünf nebeneinander
liegenden Seen die Rede.

Ein Hof in Hungertal wird als oettingisches Lehen 1383 erwähnt, 1506 verkaufte die Familie Teub aus Rothenburg ein kleines Gut im Hungertal bei Leukershausen an das Kloster Anhausen. Johann Reinhart, der Prior des Klosters berichtet, dass im Zuge der Plünderungen des Bauernkriegs der Schäfer von
Waidmannsberg seinen See zu Leukershausen abgegraben und ausgefischt
habe.

Im Rahmen einer Stiftung übergab Kraft von Klingenfels 1317 dem Kloster Ellwangen unter anderem Besitz in Leukershausen und Waidmannsberg. Die Zugehörigkeit von Leukershausen, Waidmannsberg, Bergertshofen, Haselhof und Selgenstadt zur Crailsheimer Zent, wie sie aus späteren Quellen deutlich wird, ist ebenso ein Indiz dafür, dass die Orte früher zum Zubehör der Burg Lohr zählten.

Seit dieser Zeit begannen bürgerliche Familien aus Crailsheim, vor allem aber aus Dinkelsbühl, in und um Leukershausen Rechte und Güter zu erwerben. Neben dem Patronatsrecht an der Kirche hatte die Dinkelsbühler Familie Hofer Güter und Wald auf Leukershausener Gemarkung. Ulrich Berlin aus Dinkelsbühl verkaufte 1390 einen halben Hof, den er von seiner Mutter geerbt hatte. Für kurze Zeit trugen die Berlin auch das aus Klingenfelser Besitz stammende Ellwanger Lehen, das dann an die Crailsheimer Familien Firnkorn und Völker überging.

Die niedere Gerichtsbarkeit und der große Zehnt gehörten dem Spital in Dinkelsbühl, das auch den kleinen Zehnt von der Pfarrei Leukershausen innehatte. Als 1514 ein Vergleich über Weiderechte der Gemeinden Leukershausen und Waidmannsberg geschlossen wurde, war die Ortsherrschaft geteilt. Der Dinkelsbühler Teil wurde 1802 bayerisch. 1806 kam der ganze Ort zu Bayern, 1810 zu Württemberg. Leukershausen gehörte zum Oberamt (ab 1938 Landkreis) Crailsheim. Der Gemeindebezirk wurde erst 1848 von Mariäkappel abgetrennt.

Wenn 1532 von elf Gütern in Leukershausen die Rede ist, kann man davon ausgehen, dass in dem Ort ungefähr 50 Menschen lebten. Die Zahl der Güter blieb lange konstant, erst 1732 werden 16 Güter registriert, was ungefähr 70 Einwohnern entspricht.

In Leukershausen wurde 1681 der ansbachische Ingenieurshauptmann Johann Georg Vetter als Sohn des gleichnamigen, aus Dinkelsbühl stammenden Pfarrers und der Feuchtwanger Bürgermeisterstochter Christina Barbara Beck geboren.

Er wuchs aber in Mariäkappel auf. Seine berühmte »Topographie oder Beschreibung des Burggrafthums Nürnberg Unterhalb Gebürgs« mit ausführlichem Kartenmaterial bietet ein umfassendes Bild der Zustände der Region im 18. Jahrhundert.

Die Pfarrei von Leukershausen ist alt, ein Pfarrer wird erstmals 1285 erwähnt. Das Patronatsrecht war Würzburger Lehen, das 1320 an die Herren von Crailsheim verliehen war, später kam es mit dem zugehörigen Eichholtz über die Dinkelsbühler Familie Hofer 1368 an das Spital nach Dinkelsbühl, wo es bis ins 18. Jahrhundert verblieb. Leukershausen gehörte zum Landkapitel Crailsheim (1453).

Der Pfarrsprengel umfasste Gumpenweiler, Waidmannsberg, Haundorf und Bergertshofen. Haundorf wurde 1565 nach Unterampfrach eingepfarrt. Im 16. Jahrhundert hatte die Pfarrei Besitz in Leukershausen, in Gumpenweiler und Schmalenbach.

Das Schiff der Johanneskirche in Leukershausen wurde 1755 völlig neu gestaltet. Der untere Teil des Turms stammte aus dem 15. Jahrhundert, er wurde 1830 um zwei Stockwerke erhöht. Im Kreuzgewölbe des spätgotischen Turmchors befindet sich das Wappen der Herren von Ellrichshausen, die 1423 einen Jahrtag in der Kirche gestiftet hatten.

Bei der brandenburg-ansbachischen Visitation 1528 war der Leukershausener Pfarrer Widenmann noch altgläubig. Der Versuch der Markgrafen, im Zuge der Reformation Einfluss auf die Pfarrei zu gewinnen, scheiterte zunächst, denn die Stadt Dinkelsbühl als Patronatsinhaber weigerte sich, ihren Pfarrer nach Ansbach zur Visitation zu schicken. Erst nach Einführung der Reformation in Dinkelsbühl 1534 wurde Leukershausen evangelisch.

Der Pfarrer wurde nun von Dinkelsbühl benannt, aber von Brandenburg-Ansbach eingesetzt; die Pfarrei war dem ansbachischen Dekanat Crailsheim zugeordnet. Die Regelung blieb lange umstritten. Der Konflikt um das Patronat spiegelte sich auch bei der Bestellung des Schulmeisters wider.

Die Schule gehörte zwar zum Dekanat Crailsheim, die Dinkelsbühler versuchten aber auch hier ihren Einfluss geltend zu machen. So wurde der Schulmeister 1655 vom Dekan und Kastner in Crailsheim im Beisein des Leukershausener Pfarrers angenommen, musste dann aber in Dinkelsbühl präsentiert werden. Besonders beschwerlich waren den Schulmeistern die Abgaben, die sie von ihrem Einkommen an Dinkelsbühl zu leisten hatten. Die Leukershausener Schule besuchten Kinder auch aus Haselhof, Waidmannsberg, Selgenstadt und Haundorf.

Im Winter 1798 waren es 19 Jungen und 27 Mädchen. Die Pfarrei wurde 1939 mit der in Mariäkappel vereinigt. Evangelische Pfarrkirche mit Holzrelief Christi und der Apostel, Ende 15. Jahrhundert. Spätgotische Steinkanzel. Katholiken zu Marktlustenau.

Auszug aus der Beschreibung des Oberamts Crailsheim von 1884

In der nordöstlichen Ecke des Bezirks hart an der bayrischen Grenze liegt das kleine Dorf Leukershausen. Die sog. Zwerchwörnitz oder der Langenbach, der zwischen Larrieden und Zwerenberg (bayr.) in die Wörnitz fällt, fließt nördlich an dem etwas höher gelegenen Orte hin.

Große Wälder im Norden und Süden des Ortes wechseln mit kleinen Thälchen. Mitten durch den Ort zieht die einst bedeutende Verkehrsstraße von Stuttgart nach Nürnberg, beziehungsweise von Crailsheim nach Feuchtwangen. Die Häuser sind meist mittelgroß, aber freundlich, die Wetterseite an Häusern und Scheunen mit Brettern verschalt, das Balkenwerk freundlich angestrichen.

Ehemaliges Freibad Leukershausen

Fotos/Text: Roland Hofmann, über evang. Kirche
Von 1936 bis 1952 gab es in Leukershausen ein Freibad. Abkühlung vor sommerlicher Hitze konnte man bereits ab 1936 in Leukershausen finden, denn die Gemeinde legte in diesem Jahr am Nordrand des Dorfes einen Feuerlöschweiher an.

Das Wasser dazu wurde vom Haselbach abgezweigt und in das ausgehobene Becken geleitet. An der Boochgass (Bachgasse) betonierte man eine Staumauer, die natürlich auch gleich als Sprungbrett zweckentfremdet wurde.

Als 1952 in Leukershausen die zentrale Wasserversorgung eingerichtet wurde, leitete man leider die häuslichen Abwässer in den Bach. Dadurch verschlechterte sich auch die Wasserqualität im Feuerlöschweiher und es kam zu Algenbildung.

Schließlich taugte das Wasser nicht mehr zum Baden und der Weiher verkam zu einem Biotop für Frösche und Molche. Ende der 1960er Jahre stürzte die Staumauer in den Weiher und der Badeteich wurde mit Erdaushub der neuen Siedlung „Am Kappelberg" aufgefüllt. So ist heute von dem ehemaligen Ort der Erfrischung nichts mehr zu sehen. Lediglich das Abzweigungsbauwerk am Haselbach ist noch vorhanden.

Wanderweg durch Kreßberg heute:
auf der Suche nach dem Freibad Leukershausen

Auf der Seite: https://www.kirchengemeinde-mariaekappel-leukershausen.dehabe ich einen interessanten Artikel über das Freibad in Leukershausen gelesen und dachte mir, da machst du eine Wanderung draus.

Haselhof-um Waidmannsberg herum – über die Wiese nach Leukershausen – zurück nach Haselhof. Die Strecke hat 5,32 km und man benötigt 1 Stunde.

Textauszug (Roland Hofmann), alte Fotos vom Freibad, Roland Hofmann

Abkühlung vor sommerlicher Hitze konnte man bereits ab 1936 in Leukershausen finden, denn die Gemeinde legte in diesem Jahr am Nordrand des Dorfes einen Feuer-löschweiher an. Das Wasser dazu wurde vom Haselbach ab-gezweigt und in das ausgehobene Becken geleitet. An der Boochgass (Bachgasse) betonierte man eine Staumauer, die natürlich auch gleich als Sprungbrett zweckentfremdet wurde.

Als 1952 in Leukershausen die zentrale Wasserversorgung eingerichtet wurde, leitete man leider die häuslichen Abwässer in den Bach. Dadurch verschlechterte sich auch die Wasserqualität im Feuerlöschweiher und es kam zu Algenbildung. Schließlich taugte das Wasser nicht mehr zum Baden und der Weiher verkam zu einem Biotop für Frösche und Molche.

Ende der 1960er Jahre stürzte die Staumauer in den Weiher und der Badeteich wurde mit Erdaushub der neuen Siedlung „Am Kappelberg" aufgefüllt. So ist heute von dem ehemaligen Ort der Erfrischung nichts mehr zu sehen.

Start ist der Kindergarten in Haselhof. Man läuft bis zum Kinderspielplatz und sieht links Waidmannsberg. Man geht aber nicht den Hauptweg sondern rechts Richtung Wald.

Am Wald geht man entlang bis man rechts auf den Silo trifft. Den Weg geht man weiter und geht nun Richtung Leukershausen. Am Gasthof Lamm geht man über die Straße den Weg hinunter.

Auch nach mehrmaligem Suchen habe ich keinerlei Hinweise auf ein Bad finden können. Zum Glück war in der Nähe ein netter Leukershausener, der mir die Stelle zeigen konnte. Rechts oben im Bild ist die Kirche.

Badenixen v.l.: Emma Hofmann (verh. Kett), Frida Dollmayer (verh. Ebert),
Hilde Böhm (verh. Geymann), Else Kett (verh. Ebert)

Kopfsprung

letzte Steine

Nun geht es zurück in Richtung Haselhof.

Wasserversorgung Mariäkappel und Leukershausen

Original-Text mit freundlicher Genehmigung aus 3-2-1 informiert...
Ausgabe 1 / Winter 2018, 9. Jahrgang, Autor Roland Hofmann

Dorfbrunnen Mariäkappel

Spielende Kinder am Brunnen „Breitschwerdt" in Leukershausen

Fast jedes Haus hatte im Hof einen Pumpbrunnen, aus dem das Wasser nach Bedarf in Eimer gefüllt wurde. Man hatte in der Küche ein Gestell, auf dem mehrere Eimer griffbereit standen. Brauchte man heißes Wasser zum Waschen oder Baden, musste es erst auf dem Herd oder im Waschkessel erhitzt werden.

Das Vieh der Bauern wurde zweimal täglich aus dem Stall getrieben. Im Hof stand ein großer Trog, welcher mit Wasser aus dem Pumpbrunnen gefüllt worden war. Dort konnte das Vieh seinen Durst stillen.

In heißen Sommern wie z. B. 1947 versiegte so mancher Brunnen und es kam zu Eng-pässen in der Versorgung, Wassersparen war angesagt. Auch lange frostige Winter führten zu besonderen Erschwernissen, wenn der Pumpbrunnen eingefroren war.

Schon 1911 erwog man in Mariäkappel eine zentrale Wasserversorgung mit Haus-anschluss einzurichten, es sollten allerdings noch einmal vierzig Jahre vergehen, ehe diese Pläne in die Tat umgesetzt werden konnten. 1947 erhielten die damals noch selbstständigen Gemeinden Leukershausen und Mariäkappel mit Eugen Strebel aus Engelhardshausen einen gemeinsamen Bürgermeister.

Pumpbrunnen in Leukershausen

Er nutzte die Gunst der Stunde, um in der beginnenden Wirtschaftswunderzeit die Wasserversorgung zu modernisieren. Es war klar, dass durch die Topographie der beiden Gemeindegebiete mehrere Versorgungseinrichtungen gebaut werden mussten.

Den Anfang machte man 1951 in Mariäkappel. Dort wurden die vorhandenen Quellen beim Lindenbrunnen und in der Kläret zusammengeführt und mittels Pumpwerk in den neu errichteten Wasserturm Mariäkappel gepumpt.

Dieser versorgte nun jedes Haus in Mariäkappel und Haselhof sowie einen Speicherbehälter, der Wüstenau bediente. Diese gewaltige Aufgabe wurde in einer Rekordzeit von fünf Monaten bewerkstelligt.

Dabei wurden rund 8500 qm Erde bewegt. Sämtliche Leitungsgräben wurden von Hand ausgehoben. Die Arbeit wurde von 40 sogenannten Notstandsarbeitern bewältigt, welche über das Arbeitsamt vermittelt wurden. Sie hatten mit verschiedenen Widrigkeiten zu kämpfen. So galt es im Bereich Mariäkappel-Haselhof massive Felsschichten zu durchbrechen und in Wüstenau liefen die ausgehobenen Gräben mit Wasser voll.

Dennoch konnte am 15. Dezember 1951 in Mariäkappel die Einweihung der Anlage gefeiert werden, zu der auch der von einer örtlichen Quelle gespeiste Wasserturm in Rudolfsberg gehörte.

In Leukershausen war das Problem eine geeignete Quelle, denn die Vorkommen im Talgrund erfüllten die Qualitätsansprüche an Trinkwasser nicht. Also wandte sich Bürgermeister Strebel an Pater Fidelis vom Kloster in Neresheim, der Spezialist im Auffinden von Wasser mit der Wünschelrute war.

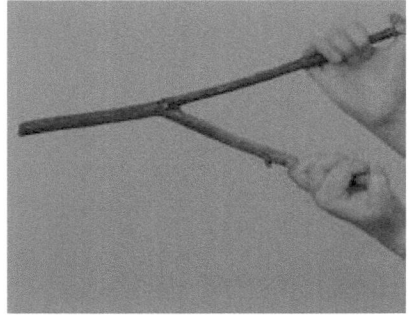

Er kam nach Leukershausen und lief den Talgrund ab. Am Bächlein zwischen Leukershausen und Waidmannsberg wurde er fündig. Die zu erwartende Wasserquelle vermutete er in 18 m Tiefe an. Eine Grabung an dieser Stelle ergab dann tatsächlich eine ergiebige Wasserschüttung in 15,4 m Tiefe.

Also wurde an dieser Stelle eine Pumpanlage errichtet. Manche werden sich ja schon wegen dieses kleinen Häuschens im Tal gewundert haben. Von dieser Pumpstation wurden die neu erbauten Wassertürme in Selgenstadt und Waidmannsberg bedient, die Leukershausen, Selgenstadt, Vötschenhof, Waidmannsberg und Gumpenweiler mit Trinkwasser versorgten.

So konnte im Dezember 1952 auch in Leukershausen das Wasserfest gefeiert werden. Mit der Fertigstellung der Leitung zum Wasserbehälter nach Bergertshofen im April 1953 waren schließlich alle Ortsteile an die zentrale Trinkwasserversorgung angeschlossen.

Die Siebziger Jahre erforderten weitere Veränderungen. Zum einen war die Einwohnerzahl durch die Ausweisung von Baugebieten in Leukershausen und Haselhof bzw. Mariäkappel gestiegen. Zusätzlich steigerten trockene Sommer und das Gießen der Gärten den Bedarf, dem aber teilweise rückläufigen Quellschüttungen entgegenstanden. Dem begegnete man, indem man 1973 Wasserzähler einbaute und nicht mehr einen jährlichen Pauschalbetrag erhob.

Der Verbrauch konnte so gerechter abgerechnet und auch der Verbrauch ein bisschen reduziert werden. Ein zweites Problem waren die Quellgebiete in Leukershausen und Mariäkappel, für die keine Wasserschutzgebiete ausgewiesen worden waren. Häufige Überschreitungen der Grenzwerte für Kolibakterien, Sulfate und Nitrate waren die Folge. Also plante die Gesamtgemeinde Kreßberg den Anschluss an das Fernwassernetz.

Im Jahr 1980 baute man dafür im Ruhwald einen neuen Wasserturm, welcher von der Ries-Wasserversorgung gespeist wird. Die Quellen liegen im Rotachtal bei Wört. Mit diesem Anschluss ist heute eine ausreichende Versorgung mit Trinkwasser in bester Qualität sichergestellt

Foto: www.leo-bw.de

Besuch von Wissenschaftlern der Uni Hohenheim in Leukershausen

Wissenschaftler der Uni Hohenheim haben heute das Bieneninfozentrum in Leukershausen besucht. Anlass war die künstliche Befruchtung von ca. 400 Bienenköniginnen. Um dem Bienensterben insbesondere durch die Varroamilbe entgegenzuwirken, wird bei der Züchtung darauf geachtet, dass nur Bienen und Drohnen mit gesundem und besonders starkem Erbgut gekreuzt werden.

Dazu wird das Sperma mehrerer Drohnen entnommen und die Königin anschließend unter dem Mikroskop künstlich befruchtet. Die Königin hortet den Samen nach der Einlagerung, die unter Betäubung stattfindet, für die folgenden vier Jahre ihres Lebens im Körperinneren und kann so die Eier selbst befruchten. Das Bieneninformationszentrum wurde übrigens als Ergänzung des örtlichen Tourismusprojekts "Wundergärten der Natur" mit Schwerpunkt Streuobstwiesen eingerichtet und dient neben dem Tourismus insbesondere dem Erhalt der Imkerei.

Nachwuchs- und Hobbyimker, die keinen eigenen Schleuderraum haben, können hier ihren Honig unter hygienischen Bedingungen schleudern. Neben der Funktion als Produktionsstätte dient es vor allem der Information der Bevölkerung und stärkt das Bewusstsein für die Notwendigkeit der Bienen für unsere Umwelt und Heimat. Das Zentrum wird so gut angenommen, dass der Platz mittlerweile nicht mehr ausreicht und die Baumaßnahmen für eine Erweiterung noch in diesem Jahr beginnen.

Bienen-Informationszentrum in Kreßberg

Text, Fotos: Bürgermeisterin Annemarie-Mürter-Mayer

Bienenschulprojekte und Produktionszentrum für Imker

Die mit Fördergeldern des Landes unterstützte Einrichtung dient auch als Begleitung für Bienenschulprojekte und Produktionszentrum für Imker, die hier Ihren Honig marktkonform nach den neuen EU-Richtlinien schleudern und abfüllen können.

Theater der Sportfreunde Leukershausen-Mariäkappel e. V.

Ansprechpartner: Daniel Ehrmann, 07957/8656,
Fotos vom Verein, verantwortlich Bernd Schürger

Vertreten durch den Vorstand:
Marcus Schmidt 1.Vorsitzender
Birkenstraße 29
74594 Kreßberg
0151 21728900
m.schmidt@spfr-leukershausen.de

Das Mundarttheater, das in der Gemeindehalle Haselhof auftritt, ist eine Unterabteilung eines Sportvereins.

Die Geschichte der Sportfreunde Leukershausen-Mariäkappel beginnt mit der Gründung im Jahr 1974 im Gasthof „ADLER" in Mariäkappel. 1977 bildet sich für eine Jahresendfeier eine Theaterspielgruppe.

Die sehr aufwändig gestalteten Bühnenbilder werden von der Gruppe selbst erstellt. Benötigte Requisiten, Möbel, Utensilien und Kleidungsstücke werden in der Regel aus dem Dorf zusammengetragen. Hierbei und bei der Bereitstellung von Material für den Kulissenbau erfährt das Theater große Unterstützung durch die Dorfbewohner.

Wie bereits im letzten Jahr, fand die JAHRESFEIER der Sportfreunde dieses
Jahr wieder an drei Terminen statt. Am Freitag, den 17. Januar und am Samstag, den 18. Januar fanden wieder zwei Abendveranstaltungen und am Sonn-

tag, den 19. Januar eine Nachmittagsveranstaltung statt. Hierfür hatte die Theaterkiste dieses Jahr die Verwechslungskomödie in drei Akten „Alles neu, macht der Mai" einstudiert. Hierin geht es rund um das Eigenheim der Familie Bayer. Dieses ist etwas heruntergekommen. Um der Renovierung auf die Sprünge zu helfen, hat sich Veronika ohne Wissen der Familie bei der Handwerkersendung „Alles neu macht der Mai" beworben.

Ihr Schwiegervater allerdings hat einen kostengünstigen Handwerker eingeladen. Die Tochter der Familie wiederum will eine junge Architektin einbeziehen. Und dass die Oma bei einem Preisausschreiben einen Auftritt in der Sendung „Schöner an einem Tag" gewonnen hat, führte zu weiteren Verwicklungen.

Als drei Handwerker, zwei Redakteurinnen und eine Architektin ins Haus des handwerklich begabten Alleskönners kommen, geht es turbulent zu, was dem Hausherren dann doch zu viel wird. Wird es ein neues Badezimmer? Oder eine neue Oma? Die Auflösung gibt's bei der Vorstellung.

Am Freitag startete die Jahresfeier in der Turn- und Festhalle in Haselhof um 19:30 Uhr. Hier gibt es das Theaterstück und zusätzlich Auftritte der Geräteturnerinnen. Am Samstag stehen dann ab 19:30 Uhr wieder das Theaterstück und die Auftritte der Tanzgruppen „HEARTBEATS" und „SOULMATES" an. An beiden Tagen gibt es auch Barbetrieb.

Am Sonntag gibt es dann auch noch die Möglichkeit das Theaterstück nachmittags 16 Uhr zu sehen. Hier werden die Tanzgruppen „MINI-MINIS", „MINIS" und „SKITTLES" auch noch zeigen, was sie können.

Evangelische Kirchengemeinden

Marktlustenau-Waldtann
Pfarrerin Cornelia Schmutz
www.marktlustenau-waldtann-evangelisch.de

Seit 24.02.2019 ist Cornelia Schmutz Pfarrerin der Evangelischen Kirchengemeinden Marktlustenau–Waldtann. Sie umfasst heute die Orte und Weiler Waldtann, Bergbronn, Ruppersbach, Vehlenberg, Mistlau, Rötsweiler, Stegenhof und Asbach.

Die Kirchengemeinde hate in 2021 ca. 970 evangelische Gemeindeglieder.
Fotos: Evangelische Landeskirche in Württemberg

Leukershausen und Mariäkappel
Pfarrer Michael Bauer

Pfarramt Mariäkappel
Crailsheimer Straße 22
74594 Kreßberg-Mariäkappel
Telefon 07957/261
Email: pfarramt.mariaekappel @elkw.de
www.gemeinde.mariaekappel.elk-wue.de

Kirchen:
Marienkirche in Mariäkappel
Johanneskirche in Leukershausen
Nikolauskapelle in Bergertshofen

Seit Januar 2020 ist Michael Bauer der Pfarrer der Verbundgemeinde Leukershausen-Mariäkappel.

Die Verbundkirchengemeinde setzt sich zusammen aus der **Kirchengemeinde Leukershausen** mit den Ortsteilen Leukershausen, Bergertshofen, Haselhof, Selgenstadt, Vötschenhof, Waidmannsberg und das bayrische Gumpenweiler mit Gastrecht. Die Kirchengemeinde hat ca. 600 Gemeindeglieder und der **Kirchen-gemeinde Mariäkappel** mit den Ortsteilen Mariäkappel, Hohenberg, Rudolfsberg, Schwarzenhorb und Wüstenau. Die Kirchengemeinde hat ca. 400 Gemeindeglieder.

 Evangelische Kirchengemeinden Marktlustenau-Waldtann

 Evangelische Verbundkirchengemeinde Leukershausen-Mariäkappel

Kirchengemeinden in Kreßberg

Kirchengemeinde – Katholisch

Katholische Kirchengemeinde Marktlustenau
(Einzugsbereich: Gesamtgemeinde Kreßberg)
Pfarramt: Pfarrer Markus Engert
Bräugasse 16
74594 Kreßberg-Marktlustenau
Telefon 07957/228

Postanschrift:
Kath. Pfarramt Matzenbach
Schlosshof 2
74579 Fichtenau
Ansprechpartner der Kirchengemeinde:
Rolf Krespach, Tel. 07957 / 8408

Kirchen:
kath. Kirche St. Georg, Bräugasse 18
Wallfahrtskapelle Hohenkreßberg

Zur Seelsorgeeinheit Wäldergemeinden gehören die Kirchengemeinden Matzenbach, Grossenhub, Unterdeufstetten und Marktlustenau. Die Katholische Kirchengemeinde Marktlustenau umfasst das Gebiet der Gesamtgemeinde Kreßberg.

Foto: katholisches Dekanat Schwäbisch Hall

Die Kirchengemeinden in Kreßberg sind zugehörig zum Kirchenbezirk Craisheim

Das Gebiet des Kirchenbezirks Crailsheim gehörte überwiegend zur Markgrafschaft Ansbach. Die Landesherren führten früh die Reformation ein. Daher ist das Gebiet überwiegend evangelisch geprägt. Es gibt daher fast in jedem Dorf auch eine evangelische Kirchengemeinde und eine meist alte Kirche. In den meisten Orten zogen Katholiken überwiegend erst nach dem Zweiten Weltkrieg zu.

Kirchengemeinde Leukershausen

Die Kirchengemeinde Leukershausen umfasst den Ortsteil Leukershausen mit den zugehörigen Weilern Bergertshofen, Haselhof, Selgenstadt, Vötschenhof und Waidmannsberg der Gemeinde Kreßberg.

Ein Pfarrer wird in Leukershausen bereits 1285 genannt. Das Patronatsrecht der Kirche Johannes Baptist besaß das Hochstift Würzburg. Dieses Recht wurde 1368 an das Hospital in Dinkelsbühl verliehen.

Nach der 1534 eingeführten Reformation wurde der Pfarrer von Dinkelsbühl benannt und von Ansbach eingesetzt. An den Chorturm der alten Kirche vom Anfang des 15. Jahr-hunderts wurde 1758 ein neues Schiff angebaut.

Der Fachwerkaufsatz des Turmes wurde 1830 in massiver Bauweise erneuert. Im Chor befindet sich noch ein Kreuzrippengewölbe mit dem Wappen der Herren von Ellrichs-hausen. Den Altar ziert ein Holzrelief, welches Christus und die zwölf Apostel zeigt, aus dem Ende des 15. Jahrhunderts. Im Turm hängt ein vierstimmiges Geläut von welchem die älteste Glocke aus dem 14. Jahrhundert stammt.

Die Nikolauskapelle in Bergertshofen ist in Teilen noch romanischen Ursprungs. Sie wurde 1370 erstmals erwähnt. Der kleine Rechteckbau hat einen tonnengewölbten Ostchor. Ein Wandgemälde aus dem 15. Jahrhundert wurde 1950 aufgedeckt. Von einem ehem. Flügelaltar hat sich lediglich die Statue des Hl. Nikolaus aus der Zeit um 1520 erhalten.

Heute ziert den Altar eine Holzschnitzerei mit Geburt, Kreuzigung und Auferstehung Christi, welche 1951 von Edelgarde vom Berge und Herrendorff geschaffen wurde. Seit 1928 wird die Kirchengemeinde Leukershausen vom Pfarramt Mariäkappel betreut. Pfarrer Michael Bauer

Kirchengemeinde Mariäkappel

Die Kirchengemeinde Mariäkappel umfasst den Ortsteil Mariäkappel mit den zugehörigen Weilern der Gemeinde Kreßberg. Eine Kapelle zu Unserer Lieben Frau, 1366 erstmals erwähnt, gehörte zur Pfarrei. 1461 wurde sie zur Kaplanei und 1481 zur Pfarrei erhoben.

Die heutige Kirche wurde 1480/81 erbaut. Das flachgedeckte Schiff wurde 1523 erneuert. Im Innern befindet sich ein Flügelaltar vom 16. Jahrhundert mit Schnitzbildern und Gemälden. Das Pfarramt Mariäkappel betreut seit 1928 auch die Nachbarkirchengemeinde Leukershausen. Pfarrer Michael Bauer

zwei Kirchen in Marktlustenau

Kirchengemeinde Marktlustenau

Die Kirchengemeinde Marktlustenau umfasst den Ortsteil Marktlustenau mit den zugehörigen Weilern Ober- und Unterstelzhausen, Hohenkreßberg, Riegelbach, Halden, Tempelhof, Bräunersberg, Schönbronn und Gaisbühl der Gemeinde Kreßberg.

Die Kirche St. Georg Marktlustenau wurde 1285 erstmals erwähnt. Zu ihr gehörte bis 1458 auch Waldtann. 1530 führten die Seckendorff die Reformation ein. Die Gegenreformation scheiterte größtenteils, führte aber zur Gründung einer katholischen Pfarrei, so dass die Kirche bis 1896 von beiden Gemeinden simultan genutzt wurde.

Dann erbaute sich die katholische Gemeinde eine eigene St. Georgskirche. Die alte ursprünglich romanische Chorturmkirche im ehemaligen Kirchhof mit netzrippengewölbtem Chor dient seither allein der evangelischen Kirchengemeinde. Seit 1. April 2007 betreut das Pfarramt Marktlustenau auch die Nachbarkirchengemeinde Waldtann, nachdem das dortige Pfarramt aufgehoben wurde. Bereits seit März 2007 trägt das Pfarramt Marktlustenau den Doppelnamen Marktlustenau-Waldtann. Pfarrerin Cornelia Schmutz

Kirchengemeinde Waldtann

Die Kirchengemeinde Waldtann umfasst den Ortsteil Waldtann mit den Weilern Asbach, Bergbronn, Mistlau, Rötsweiler, Ruppersbach, Stegenhof und Vehlenberg der Gemeinde Kreßberg.

1385 wurde zum ersten Mal eine Kirche in Waldtann als Filiale von Marktlustenau erwähnt. 1457 wurde an der St. Ägidiuskapelle Waldtann eine eigene Pfarrei errichtet.

Durch Ansbach wurde in den Jahren 1522 bis 1525 die Reformation eingeführt. Die Kirche mit rippenkreuzgewölbtem Turmchor überstand den Brand des Ortes während des Dreißigjährigen Krieges. Der Hochaltar mit Gemälden und Figuren stammt aus den Jahren um 1700.

Die Kanzel ist barock, der Taufstein gotisch. Im Zweiten Weltkrieg wurde die Kirche durch Artilleriebeschuss beschädigt, dann aber wieder restauriert. Mit Wirkung vom 1. April 2007 wurde das Pfarramt Waldtann aufgehoben.

Seither wird die Kirchengemeinde Waldtann vom Pfarramt Marktlustenau-Waldtann mit Sitz in Marktlustenau betreut.

Durch Bekanntmachung des Oberkirchenrats vom 12. Januar 1956 gab es einen kleinen Gebietsaustausch der Kirchengemeinde Waldtann zugunsten der benachbarten Kirchengemeinde Westgartshausen. Pfarrerin Cornelia Schmutz

Der katholische Kirchenbezirk

Die Katholiken in Kreßberg werden von der Kirchengemeinde St. Georg in Marktlustenau betreut, die zur Seelsorgeeinheit Wäldergemeinden des Dekanats Schwäbisch Hall der Diözese Rottenburg-Stuttgart zählt.

Auch in der Pfarrei *St. Georg* in Marktlustenau führten die Herren von Seckendorff 1530 die Reformation durch, aber im 17. Jahrhundert versuchten die katholisch gewordenen Herren von Knöringen die Rekatholisierung der Herrschaft Kreßberg.

Dies stieß auf den Widerstand der örtlichen Bevölkerung und des Landesherrn, des evangelischen Markgrafen von Brandenburg-Ansbach. Der Konfessionsstreit führte nach dem Dreißigjährigen Krieg dazu, dass in Marktlustenau etwa ein Drittel der Bevölkerung katholisch und etwa zwei Drittel evangelisch war.

Deshalb waren in Marktlustenau alle wichtigen Institutionen doppelt vorhanden, zum einen evangelisch und zum anderen katholisch. Es gab einen paritätisch besetzten Gemeinderat, zwei Bürgermeister, zwei Schulen und sogar ein evangelisches und ein katholisches Wirtshaus. Die Georgskirche wurde zu einer Simultankirche für beide Konfessionen.

Erst 1896 errichtete die katholische Kirche ein eigenes Kirchengebäude zum heiligen Georg.

Katholische Kirche und Wallfahrt zur Allerheiligsten Dreifaltigkeit auf dem Kreßberg

Nach dem Dreißigjährigen Krieg begann die Wallfahrt zur ehem. Schlosskapelle. Das Gnadenbild war 1648 bei der Zerstörung des Schlosses durch die Schweden wunderbarerweise unversehrt geblieben.

Es zeigt die Krönung Mariens. 1723 wurde eine neue Wallfahrtskirche errichtet, 1767 wurde die Dreifaltigkeitsbruderschaft gegründet. Die Wallfahrt wurde in der Säkularisation zeitweise verboten, setzte aber bald wieder ein.

Der Dreifaltigkeitssonntag ist ein Feiertag, der keinem Ereignis aus dem Leben Jesu, sondern einem Glaubenssatz gewidmet ist: dem Glaubenssatz der Dreifaltigkeit Gottes in Vater, Sohn und Heiligem Geist, der Trinität. Er wird daher auch Trinitatis genannt.

Beim Dreifaltigkeitsfest in Marklustenau führt eine Prozession auf den HohenKreßberg. Foto privat

Bei der **Wallfahrt** im **Unterschied** zur Pilgerreise handelt es sich um eine rein katholische Tradition, bei der besonders der Marienverehrung ein hoher Stellenwert zukommt. Pilgerfahrten machen dagegen auch Angehörige anderer Konfessionen oder Religionen, ja sogar Atheisten.

Ein **Wallfahrtsort** ist in verschiedenen Religionen ein Ort mit hervorgehobener religiöser Bedeutung – ein Heiligtum – und als solcher das Ziel einer **Wallfahrt**. Dem Besuch eines Wallfahrtsortes werden besondere Wirkungen zugesprochen wie die Heilung von Krankheiten.

Eine **Wallfahrt** oder **Pilgerfahrt**, ist das Zurücklegen eines Pilgerweges zu Fuß oder mit einem Transportmittel, an dessen Ziel eine Pilgerstätte besucht wird.

Sie kann unternommen werden, um ein religiöses Gebot, eine Buße oder ein Gelübde zu erfüllen oder in der Hoffnung auf die Erhörung eines Gebets.

Bei einer Wallfahrt steht nicht der Weg, sondern das Ziel im Vordergrund, in der Regel ein Heiligtum. Bei einer Prozession hingegen steht der Vorgang des Schreitens als „kollektive Gebärde einer Kultgemeinde im Mittelpunkt.

114

Mariäkappel

Maräkappel war ein (katholischer) Wallfahrtsort.

An einem Marienbrunnen wurde um 1350 eine hölzerne Kapelle errichtet, um 1400 schließlich eine feste Kapelle, deren Schiff aber erst 1523 vollendet wurde. Von 1521 ist ein Ablassbrief zur Wallfahrt erhalten. Um 1523 ging die Wallfahrt schon zurück. Mit der Reformation wurde sie 1525 aufgehoben.

(aus www. Sobottapedia.de/Untergegangene vorreformatorische Wallfahrten in Deutschland)

Die Gemeinde Kreßberg ist wasser- und waldreich. Starke Quellen entspringen bei Mariäkappel an der Basis des Kieselsandsteins. Die Siedlung entstand aufgrund dieser Quellen. Wälder nehmen die höher gelegenen Teile der Gemeinde ein: den Südwesten und Westen sowie die Kieselsand-steinrücken zwischen den Tälern. Bei Mariäkappel liegt das Landschaftsschutzgebiet »Trutenbachtal« mit Bächen, Weihern und Wäldern.

Beschreibung des Oberamts Crailsheim, 1884

Der Ort Mariäkappel, beim Volk schlechtweg Kappel, liegt nahe der Wasserscheide von Jagst und Wörnitz, Rhein und Donau, auf den waldreichen Höhen östlich von Crailsheim. Die Anlage des Ortes ist unregelmäßig.

Der eine Theil liegt hoch auf dem Bergrücken, auf welchem die schöne Staatsstraße von Crailsheim nach Feuchtwangen läuft. Der zweite zieht sich im Bogen am obern Rand um die „Wüstenauer Klinge", während ein dritter an den Hang der engen, nach Südosten geöffneten Klinge, die Kirche und das alte Schulhaus in die Tiefe des Thälchens hineingebaut ist. Die Häuser sind meist einstockig, freundlich getüncht, auf der Wetterseite mit Holz verschalt.

Nach Ortssage hat sich an der reichen Orts- Quelle ein Einsiedler niedergelas-
sen, welcher im Wasser Heilkräfte entdeckte und der Jungfrau Maria zu-

schrieb. Infolge des reichen Besuchs durch Pilger wurde eine Kapelle erbaut. Immer mehr Leute siedelten sich um die Kapelle an und der Ort erhielt den Namen Mariäkappel. Teile der Sage sind wohl wahr.

Der obere Teil des Ortes hieß Mergenbrunn, also Brunnen der Maria. Ab 1366 wuchs der Ort Mergenbrunn mit dem Ort Kappel zusammen.

Sehenswert ist gotische Pfarrkirche aus dem 14. Jahrhundert. Sie hat einen sehr seltenen und schönen Marien-Hochaltar.

Es ist ein eindrucksvolles Kunstwerk der fränkischen Schnitz- und Malerschule um 1500 (Schule des Nürnberger Malers Michael Wolgemut und dem Lehrer Albrecht Dürers. Die Vater-Unser-Glocke aus dem Jahre 1590 wurde 2010 saniert.

Altarbild Mariäkappel

Bilder entnommen von www. leo-bw.
Bemalte Gedenktafel in der Kirche

Mariäkappel in Richtung Crailsheim

Mariäkappel

Sanierung der Glocken der Marienkirche

Text / Foto: Roland Hofmann über evangelische Kirche

Unter großer Anteilnahme der Bevölkerung wurden im Jahre 2010 die 2 ältesten Glocken aus dem 14. Jahrhundert und dem Jahre 1596 aus dem Kirchturm gehoben und Ende April zum Glockenschweißwerk Lachenmeyer nach Nördlingen gebracht.

Diese Glocke ist die älteste Glocke. Sie wurde vor 1480 gegossen und wiegt 273 kg. Sie erklingt im Ton „C" Ihre Inschrift lautet: „Das mein Don scheu Hagel und wint darumb bit ich Maria dein Kint (sinngem. „dass mein Ton Hagel und Wind verscheucht, darum bitte ich Maria, dein Kind"). Diese Glocke wird in Zukunft nicht mehr alleine erklingen, sondern das volle Geläut unterstützen.

Der Gemeindebezirk von Mariäkappel fiel 1810 an Württemberg, nachdem die vormals ansbachischen Orte und Anteile 1792 preußisch und 1806 bayerisch geworden waren. Die Dinkelsbühler Untertanen zu Wüstenau fielen 1802 an Bayern und 1803 an Preußen.

Es ist die einzige Gemeinde des Kreises, deren Gebiet größtenteils jenseits der Europäischen Hauptwasserscheide zwischen Nordsee und Schwarzem Meer liegt und vorwiegend über die Zwergwörnitz und die Wörnitz zur Donau entwässert.

Altes Rathaus und Gefängnis Mariäkappel

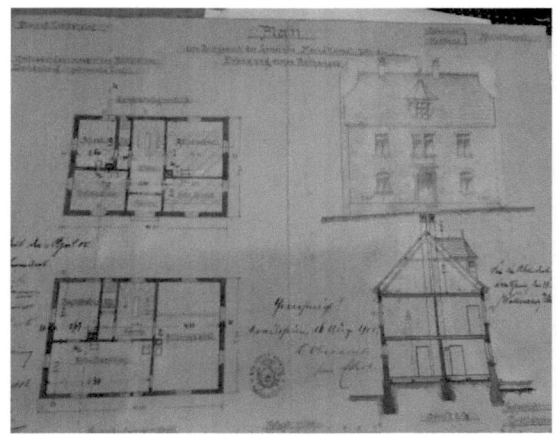

Plan über den Bau eines Rathauses von 1905

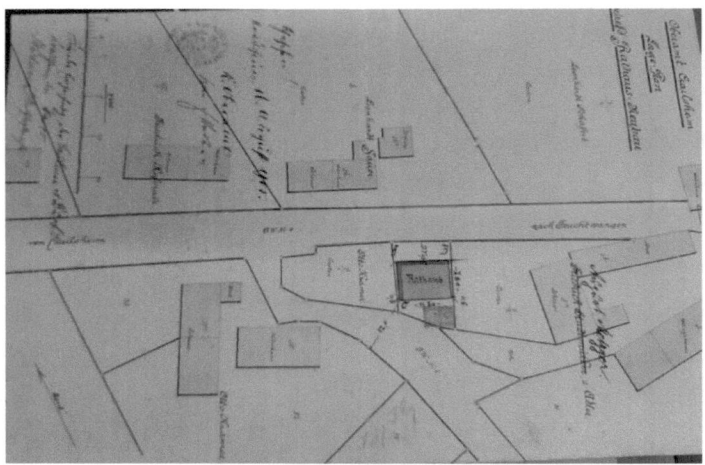

Kopien aus dem Archiv der Gemeinde

Ca. 1975 wurde das Haus von der Gemeinde verkauft, es wurde komplett umgebaut und ist jetzt in Privatbesitz. Interview mit der Eigentümerin:

„Als wir das Haus kauften, erinnere ich mich an das Gefängnis mit den vergitterten Fenstern. Es war da, wo jetzt der Hof nach hinten raus ist. Die Räume waren riesig. Aus dem Sitzungssaal haben wir 2 große Zimmer ausgebaut. Die hohen Decken haben wir abgehangen. Vom Umbau haben wir leider keine Fotos mehr."

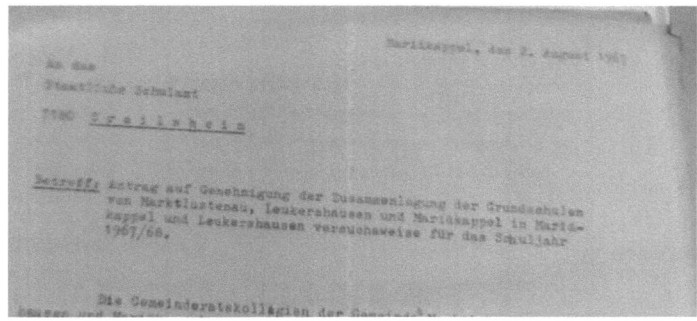

Genehmigung der Zusammenlegung der Grundschulen 1967

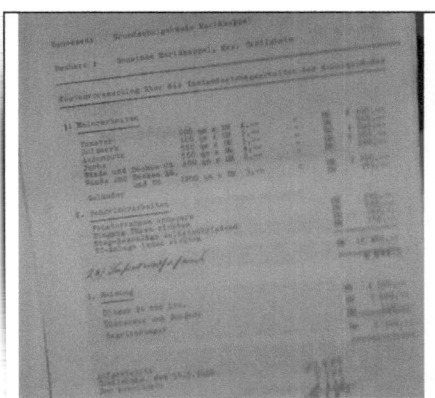

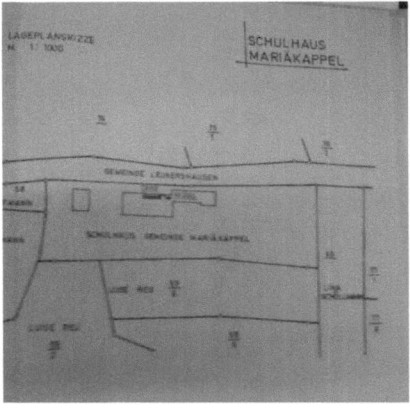

Instandhaltung der Schule 31.5.1968

alte Schule Mariäkappel, später
Spinnerei und Weberei, ca. 1980
verkauft von der Gemeinde und
zum Mehrfamilienhaus umgebaut

Umbau des Gemeindehauses in den Kindergarten, Fotos Gemeindeverwaltung

Kindergärten

In Kreßberg gibt es drei Gemeindekindergärten in den Ortsteilen Waldtann, Marktlustenau und Haselhof, sowie eine Kinderkrippe (in Haselhof).

Aufgenommen werden in den Kindergärten Kinder ab 3 Jahren (bzw. auch jüngere Kinder, wenn genügend freie Plätze vorhanden sind). Für Kinder ab ein bis drei Jahren (ausnahmsweise auch jünger) stehen in unserer Kinderkrippe in Haselhof dreißig Plätze zur Verfügung.

Die Kinder werden direkt bei der jeweiligen Kindergarten- oder Krippenleiterin angemeldet, und zwar möglichst frühzeitig (mindestens 6 Monate vor dem beabsichtigen Kindergartenbesuch).

Kindergarten "Regenbogen" in Marktlustenau Adresse: In den Weidengärten 5 74594 Kreßberg-Marktlustenau Telefon 07957/1259 Einrichtungsform: Zweigruppiger Kindergarten; Wahlmöglichkeit zwischen verlängerter Öffnungszeit am Vormittag (bis zu 7 Stunden am Stück), Regelöffnungszeit (Kindergartenbesuch am Vor- und Nachmittag mit Mittagspause), oder individueller Betreuungszeit nach Bedarf.

Öffnungszeiten: Mo. und Fr. 7:00 -14:00 Uhr , Di. - Do. 07:00 - 16:00 Uhr

Da der Kindergarten nicht als "Ganztagskindergarten" genehmigt ist, ist ein durchgehender Kindergartenbesuch von 7:30 bis 16:00 Uhr nicht möglich!)

Gruppen: Durch die Einführung der "offenen Gruppenarbeit" spielt die Zugehörigkeit zu den Großgruppen nur noch eine untergeordnete Rolle - meist werden die Kinder in altershomogenen Kleingruppen gefördert oder in den verschiedenen "Funktionsbereichen" beschäftigt. Besonderheiten: 2007 erhielt der Kindergarten Regenbogen ein Zertifikat für Umweltbildung und Nachhaltigkeit. Außerdem ist der Kindergarten Regenbogen "Haus der kleinen Forscher" - der Kindergarten nahm am Technikprojekt "Technolino" teil mit Unterstützung mehrerer Firmen, Hauptsponsor und Kooperationsfirma war die Firma Schubert in Crailsheim. Kindergartenleiterin: Eveline Rieder

Kindergarten und Kinderhaus Haselhof

Kinderhaus Haselhof Ruhefeld 37
74594 Kreßberg-Haselhof
07957 / 363

Öffnungszeiten:
Mo - Do 07:00 - 16:00 Uhr
    Fr 07:00 - 14:00 Uhr

Einrichtungsform
Dreigruppiger Kindergarten. Wahlmöglichkeit zwischen verlängerter Öffnungszeit am Vormittag (bis zu 7 Stunden am Stück), Regelöffnungszeit (Kindergartenbesuch am Vor- und Nachmittag mit Mittagspause) oder Ganztagsbetreuung mit bis zu 43 Wochenstunden.

Gruppen
Es sind drei Gruppen mit bis zu 72 Plätzen genehmigt, aber durch die Einführung der "offenen Gruppenarbeit" spielt die Zugehörigkeit zu den offiziellen Gruppen nur noch eine untergeordnete Rolle. Während des "Morgenkreises" werden die Kinder in altershomogenen Kleingruppen gefördert, und auch gevespert wird in der Gruppe. Einen großen Teil des Vormittags nimmt aber die Freispielzeit ein. Während der Freispielzeit können die Kinder zwischen den verschiedenen "Funktionsbereichen" wählen. Das bedeutet, das Kind kann den Spielort, das Spielmaterial und die Spielpartner frei wählen. Durch das selbst gestaltete Spiel entstehen vielfältige Lernprozesse. Während dieser Phase sind die Erzieherinnen Spielbegleiter des Kindes. Sie beobachten, spielen mit und begleiten das Kind in seinem Tun und machen Angebote, die die Kinder annehmen können, aber nicht müssen. Außerdem finden am Vormittag auch Angebote und Projekte statt. Zudem gibt es ganze Projektwochen, in denen gemeinsam mit den Kindern Themen bearbeitet werden.

Besonderheiten
Der Kindergarten Haselhof ist ein "Haus der kleinen Forscher" - der Kindergarten nahm am Technikprojekt "Technolino" teil mit Unterstützung mehrerer Firmen, Hauptsponsor und Kooperationsfirma: Firma Schubert in Crailsheim.

Kindergartenleitung: Luisa Böhme

Kindergarten Waldtann

Kindergarten "Tiger- und Bärenhaus"
in Waldtann
Brühlweg 8
74594 Kreßberg-Waldtann
07957 / 8638

Einrichtungsform
Zweigruppiger Kindergarten; Wahlmöglichkeit zwischen verlängerter Öffnungszeit am Vormittag (bis zu 7 Stunden am Stück), Regelöffnungszeit (Kindergartenbesuch am Vor- und Nachmittag mit Mittagspause) oder Ganztagsbetreuung (bis zu 43 Wochenstunden).

Gruppen
Durch die Einführung der "offenen Gruppenarbeit" spielt die Zugehörigkeit zu den Gruppen nur noch eine untergeordnete Rolle.

Öffnungszeiten:
Mo - Do 07:00 - 16:00 Uhr
Fr 7:00 -14:00 Uhr

Während des "Morgenkreises" werden die Kinder in altershomogenen Kleingruppen gefördert, und auch gevespert wird in der Gruppe. Einen großen Teil des Vormittags nimmt aber die Freispielzeit ein. Während der Freispielzeit können die Kinder zwischen den verschie-

129

denen "Funktionsbereichen" wählen. Das bedeutet, das Kind kann den Spielort, das Spielmaterial und die Spielpartner frei wählen. Durch das selbst gestaltete Spiel entstehen vielfältige Lernprozesse. Während dieser Phase sind die Erzieherinnen Spielbegleiter des Kindes. Sie beobachten, spielen mit und begleiten das Kind in seinem Tun und machen Angebote, die die Kinder annehmen können, aber nicht müssen.

Kindergartenleitung:
Anna Schmidt

Marktlustenau hieß 1254 Lustenau (alt Lustenowe) und wurde nach Branden-
burg-Ansbacher Sitte wegen seines Marktrechts auch Markt-Lustenau genannt. Der Name, als »anmutige, gefällige Au« zu lesen, spielt auf die Lage
des Orts im Schönmühlbachtal an. Die großen Handels- und Durchgangsstraßen liefen allerdings nicht durch den Ort.

Bis 1910 hatte Marktlustenau auch das Marktrecht. Ab 1910 wurde darauf verzichtet. Marktflecken besaßen oft 3 Tore. Das letzte Tor wurde 1850 abgebrochen. Als Hauptort der Herren, die auf dem Kreßberg saßen, war es lange Jahrhunderte sehr eng mit deren Geschichte verbunden. Urkundlich erscheint es zum ersten Mal sicher ca. 1303. Nach den Herren von Kreßberg wechselte die Burg mehrmals den Besitzer.

Seit 1511 hatte Marktlustenau ein eigenes Halsgericht. Was ist ein Halsgericht? Im späteren Mittelalter ist es ein Strafgericht, das über schwere Verbrechen mit Strafen, die "an den Hals gehen", also Todes- und Verstümmelungsstrafen, zu urteilen hatte.

Als Todesstrafen kennt der Sachsenspiegel (ein Gesetzbuch) den Galgen, die Ent-hauptung und den Feuertod, der Schwabenspiegel (ein Rechtsbuch), dazu das Ertränken und Lebendig begraben, ferner die Pfählung. Verstümmelungsstrafen sind Abhauen der Hände, Ausreißen der Zunge, Abschneiden von Nase und Ohren, ferner die Blendung. Maßgebend war dabei vielfach der mosaische Talionsgedanke (Aug um Auge, Zahn um Zahn). Zum Ende des Mittelalters trat vor allem in Süddeutschland durch Härte und Willkür eine Verwilderung der Strafjustiz ein. (http://www.rechtslexikon.net)

Galgenfeld

Auf dem Galgenfeld war der Galgen für das Fraischgericht der Herrschaft Kreßberg.(Eduard Paulus der Jüngere: Beschreibung des Oberamts Crailsheim. W. Kohlhammer, Stuttgart 1884

Kressberg.

Kapelle auf dem Kressberg.

Marktlustenau

Im Jahr 1545 wurde die Herrschaft Kreßberg an Ulrich von Knöringen, Amtmann in Crailsheim, verkauft. Mit diesem Adelsgeschlecht, das dem katholischen Glauben angehörte, begann der Kampf der evangelischen Bewohner um ihren Glauben.

Im 16. Jahrhundert wurde die bisherige Burg zum wohnlichen Schloss ausgebaut und wehrtechnisch verbessert. 1648 niedergebrannt, wurde das Schloss nicht wieder aufgebaut, lediglich der südöstlich gelegene Maierhof blieb erhalten. Die Familie von Knöringen siedelte auf den Tempelhof um.

Nach und nach wuchs die katholische Bevölkerung immer weiter an. An der Stelle der Burg wurde 1718 bzw.1727 eine Wallfahrtskapelle erbaut. Für deren Rekatholisierungsbestrebungen gewann der Kreßberg im 18. Jahrhundert besondere Bedeutung. Auf den Bericht von der wunderbaren Bewahrung eines Dreifaltigkeitsbildes hin wurde ab 1719 eine Wallfahrt forciert. 1723 ersetzte der Neubau der Wallfahrtskapelle zur Heiligen Dreifaltigkeit einen älteren Bau.

Nachdem die Herrschaft Lustenau schon seit 1796 unter preußischer und seit 1806 unter bayerischer Landeshoheit stand, fiel Marktlustenau 1810 an Württemberg. Ursprünglich hatten zum Gemeindebezirk auch Waldtann, Asbach, Rötsweiler und der Stegenhof gehört, sie wurden jedoch schon 1815 abgetrennt.

Die Evangelische Pfarrkirche von 1794 in Marktlustenau

Der letzte Herr von Knöringen auf Kreßberg starb 1817. Marktlustenau gehörte mit der Herrschaft Kreßberg zum Ritterkanton Altmühl und kam 1806 zu Bayern, 1810 zu Württemberg.

Marktlustenau ist ein Dorf mit einer evangelischen und katholischen Pfarrei mit derzeit 701 Einwohnern und der Sitz der Schule für die Gesamtgemeinde. Abgegan-gen ist Bartsweiler, das nordöstlich von Marktlustenau lag. Marktlustenau ist am linken Ufer des Schönbachs aus mehreren Siedlungskernen zusammengewachsen. Außer dem Neubaugebiet im Südosten (seit 1961) entstand im Süden das Gewerbegebiet »Au« (1965).

Wirtschaft und Bevölkerung

(aus https://www.landesarchiv-bw.de)

In Marktlustenau wohnten bis zur Schlacht bei Nördlingen 1634 rund 450 Menschen in 104 Häusern. Die katastrophalen Folgen des Kriegs reduzierten die Einwohnerzahl stark; bis 1780 waren die Verluste an Menschen und Gebäuden erst zu rund drei Vierteln ausgeglichen. Angesichts seiner Funktion als Handels- und Wirtschaftsplatz für das nähere Umland gewannen in Marktlustenau über die Landwirtschaft hinaus verschiedene Gewerbe an Bedeutung. Dazu zählten im 18. Jahrhundert zwei Mühlen am Schönmühlbach, zwei Gastwirtschaften, in deren Ausrichtung als je eine evangelische und eine katholische sich die konfessionelle Aufsplitterung spiegelte, und mehrere Kaufmannsbetriebe unterschiedlicher Größe. Ab 1768 bestand zudem ein Brauhaus der Familie von Knöringen. Wie die Ökonomie des Orts waren auch die Besitzverhältnisse stark differenziert, was bis heute an den unterschiedlich großen Parzellen und an den verschiedenen Dimensionen der historischen Gebäude des Orts ablesbar ist.

Ehemaliges Brauhaus

Neben wohlhabenden Gewerbetreibenden und Bauern, die Nutzflächen bis 40 Hektar bewirtschafteten, fanden sich auch mittlere und Kleinstbetriebe sowie Tagelöhner und Häusler. Für die Versorgung mittelloser Gemeindemitglieder unterhielt die Gemeinde ein Armenhaus.

06.03.2005 Gemeindehaus Marktlustenau: Im Anschluss an einen Festgottesdienst Übergabe an die evangelische Kirchengemeinde Marktlustenau. Demnach kann im März 2020 ein fünfzehnjähriger Geburtstag gefeiert werden.

Der Wandel vom „Bräu" zum ev. Gemeindehaus

Einst war eine Brauerei und ein Gasthaus hier, und weckte die letzten Jahre mancherlei Begier.

Auch ihr habt bei dem Anblick euch gedacht, was man wohl am besten aus diesem Gebäude macht.

Nach reichlicher Überlegung kam dabei heraus, wir machen aus dem „Bräu" ein evangelisches Gemeindehaus.

Gedacht, getan, Herr Klaus Burk, der Architekt, wurde recht bald von euch aufgeschreckt.

Damit er zeichne, rechne, plane, umgehe jegliche Schikane.

Und durch Schaffung einer guten Atmosphäre behördenseitig alles kläre.

Aktiv wurden auch die Pfarrersleute und die Gemeindeglieder, sie kamen zur Eigenleistung zum Umbau immer wieder, dass selbst ein echter Bischoff schafft an diesem Bau, das ist einmalig und gibt es nur in Marktlustenau.

Da steht es nun das Gemeindehaus, der evangelischen Kirchengemeinde eigener vier Wände. Es sieht gemütlich und recht stattlich aus, es ist das Werk vieler fleißiger Hände.

Es ist ein Bauwerk, das für die Zukunft steht, weil in ihm kein alter Mief mehr weht.

Wer´s geplant, wer´s ausgeführt, wer´s geprüft und wer es vorgeführt.

Alle haben ihren Teil gegeben, damit in Zukunft hier herrscht ein frohes Leben.

Sicher wird es nun auch gelingen, den Rest zu einem guten End zu bringen.

Es ist aber von altersher ein schöner Brauch, wo gearbeitet wird da feiert man auch.

Dort oben ist der Richtbaum aufgerichtet, was zum Umtrunk stets verpflichtet.

Ich wünsche zum Richtfest, es sei euch beschieden, es herrsche in diesem Haus stets Fröhlichkeit und Frieden.

Frieden und ein guter Geist soll sein Begleiter allzeit hier in diesem Heim.

Richtfest 9.April. 2000   Text: Manfred Brenner

, Kirchenkalender 2020 Marktlustenau-Waldtann

136

Schule und Kirche
(aus https://www.landesarchiv-bw.de)

Bis zum Beginn des 15. Jahrhunderts bestimmte die 1285 erstmals genannte Pfarrei Marktlustenau, deren Patronat beim Rittergut Kreßberg lag, die Geschicke der umlie-genden Dörfer. Über den Hochgerichtsbezirk Kreßbergs (mit Kreßberg, Tempelhof, Halden und den beiden Stelzhausen) hinaus gehörten auch Bräunersberg, Schönbronn, Gaisbühl, Riegelbach, Vehlenberg und Waldtann zur Pfarrei Marktlustenau (bis 1457/58). Schon um 1530 führten die Herren von Seckendorff die Reformation ein.

Mit dem Verkauf des Ritterguts Kreßberg an die Familie von Knöringen, die größtenteils katholisch war, bahnte sich ein konfessioneller Wandel an. Nachdem der damalige Rittergutsinhaber 1626 überraschend gestorben war, wurden seine beiden minderjährigen Söhne der evangelischen Mutter durch Heinrich von Knöringen, Bischof von Augsburg, entzogen und katholisch erzogen.

Zudem beauftragte Heinrich von Knöringen den Vogt mit der Rückführung der Gemeinde zur katholischen Konfession, wofür der evangelische Pfarrer durch einen katholischen Geistlichen ersetzt wurde Die Gemeindemitglieder allerdings zeigten teilweise starken Widerstand gegen die Rekatholisierung.

Im Laufe des 30-jährigen Kriegs bestimmte das wechselnde Kriegsglück den weiteren Fortgang in dieser Sache. Die Festlegungen des Westfälischen Friedens versicherten die Untertanen ihres Anspruchs auf einen evangelischen Pfarrer, was aber von den Herren von Knöringen zunächst brüsk abgewiesen wurde. Ab 1651 erhöhte Ansbach, das sich schon zuvor für Forderungen der evangelischen Bürger der Pfarrei eingesetzt hatte, den Druck, die von Knöringen mussten Zugeständnisse machen.

Die Georgskirche wurde zu einer Simultankirche für beide Konfessionen umgewidmet. Bis 1695 verrichteten evangelische Pfarrer der Nachbarorte den Gottesdienst, danach gab es wieder einen eigenen evangelischen Gemeindepfarrer.

Mit der Etablierung der Wallfahrt auf die Kreßberger Kapelle und dem Werben um katholische Zuzügler nach den Bevölkerungsverlusten des 30-jährigen Kriegs setzten die von Knöringen ihre Rekatholisierungsbemühungen fort. Der Erfolg war unterschiedlich:

Während in beiden Stelzhausen durch Zuzug und Konversion die Mehrzahl der Bewohner katholisch war, hielten die Bewohner in Halden trotz Geldstrafen und Drohungen am evangelischen Bekenntnis fest.

In Marktlustenau pendelte sich ein Verhältnis von einem Drittel katholischer Bürger zu zwei Drittel evangelischer ein. Schon in der zweiten Hälfte des 16. Jahrhunderts wurde in Marktlustenau geregelter Schulunterricht gehalten, wofür ein Schulmeister eingestellt war.

1595 wurde das Beinhaus zum Schulhaus umgebaut. Die konfessionelle Situation des Orts machte im 17. Jahrhundert den Bau eines zweiten Schulhauses für die katholischen Schüler notwendig.

1788 wurde ein neues evangelisches Schulhaus errichtet. Evangelische Pfarrkirche im ehemaligen Kirchhof. Ursprünglich romanische Chorturmanlage, netzrippengewölbter Chor in spätgotischer Zeit verändert. Schiff 1970 neu erbaut. — Katholische Kirche zum Heiligen Georg 1896 erbaut, Zopfstilaltar aus der paritätischen Kirche hierher übertragen.

Die Glocken von Marktlustenau

Glockenweihe 1951 aus dem Kirchenkalender 2020 Kirchengemeinde Marktlustenau-Waldtann

Die Glocken von Marktlustenau

„Wie herrlich ist es, wenn die Glocken von Marktlustenau über das Tal erklingen", so die Stimme von Menschen, die mit diesen Glocken aufgewachsen sind.
Der Tag, an dem die Glocken nach Marktlustenau kamen war ein Festtag.
Die Kinder der kleinen Schule liefen mit Blumensträußchen voraus, gefolgt von einem Pferdegespann auf dem die Glocken befestigt und mit Kränzen geschmückt waren. So ging es die Marktstraße hinunter bis zum Bräu.
An der Kirche angekommen mussten die Glocken mit einem Seil nach oben gezogen werden – und da es damals noch keinen Kran gab war Muskelkraft gefragt. Als die Glocken in Höhe der Fenster waren mussten von oben her weitere starke Hände die Glocken nach innen befördern.
Aber ein Schreck – eine der Glocken war zu groß. Sie passte nicht auf Anhieb durch das Loch. Aber nach einiger Mühe war auch das geschafft! Seither rufen die Glocken die Menschen zum Gebet und zum Gottesdienst, läuten bei Taufen und dem Vaterunser Gebet. Sie läuten auch wenn ein Mensch gestorben ist oder sie zeigen ganz einfach die vollen Stunden an.
Was heute mechanisch geht war früher Handarbeit und ein mancher erinnert sich wohl noch daran wie er von Hand die Glocken geläutet hat.

Glockenweihe 1951

Text: Frau Hofacker

früher die alte Schule Marktlustenau, heute ein Mehrfamilienhaus

„Tempelblick" im Besitz Gemeinschaft Schloss Tempelhof

Marktlustenau
Die Schule am Kreßberg und Kreßberghalle

die neue Schule in Marktlustenau, Fotos: Gemeindeverwaltung

Theater-AG der Schule am Kreßberg

Räuber Hotzenplotz
26.02.2025 - 16.00 h

Design by Malika

Kleine Kreßberghalle, Marktlustenau

Räuber Hotzenplotz

Eines Tages raubte der durchtriebene Räuber Hotzenplotz die Kaffeemühle von Kasperls Großmutter. Da der Hauptwachtmeister Dimpfelmoser wenig Hoffnung sieht, den Bösewicht zu finden, entschließen sich Kasperl und Seppel, den Räuber selber aufzuspüren. Mit einer List gelingt es ihnen, die Räuberhöhle zu finden, aber dann werden sie von Hotzenplotz gefangen.
Hotzenplotz verkauft Kasperl an die Zauberin Petrosilia Zwackelmann und lässt Seppel für sich in seiner Räuberhöhle arbeiten.
Die verzauberte Fee Amaryllis und die Wahrsagerin Frau Schlotterbeck müssen helfen, alles zum Guten zu wenden.
Gespielt wird in der Kleinen Kreßberghalle am Mittwoch, den 26.02.2025, um 16.00 Uhr. Der Eintritt ist frei.
Die jungen Stars der Theater-AG freuen sich auf zahlreiche Zuschauer.

Die Schule am Kreßberg wurde am 01.08.1974 gegründet und feierte im Jahr 1999 ihr 25-jähriges Jubiläum. Die Grundschule wird derzeit von 118 Schülerinnen und Schülern besucht. Es unterrichten 8 Lehrerinnen- und Lehrer in insgesamt 6 Klassen. An der Grundschule gibt es 6 Klassen.

Schulstandort für die Grund-, Haupt- und Werkrealschule ist Marktlustenau. Im August 1988 bezog die Hauptschule einen großzügigen gestalteten Neubau. 1995 kam nochmals ein Erweiterungsbau hinzu. 1998 erfolgte der Neubau der Kreßberghalle. Mit der Kreßberghalle verfügt die Schule über eine gut ausgestattete Sporthalle, die auch für kulturelle Veranstaltungen einen festlichen Rahmen bietet.

Der Neubau eignet sich nicht nur für Sportveranstaltungen sondern ist durch die Galerie und der festen als auch mobilen Bühne auch für Theater oder Konzerte geeignet. Die Halle verfügt über neue Sportgeräte als auch eine Küche, die nun viele Besucher bewirten kann.

Schule am Kreßberg
Grundschule
In den Weidengärten 3
74594 Kreßberg-
Marktlustenau
Telefon: 07957/9882-0
Fax: 07957/9882-22
Email : info@schule-am-
Kreßberg.de

aus dem Gemeindearchiv, Bau einer Mehrzweckhalle (Kreßberghalle), 1997/1998

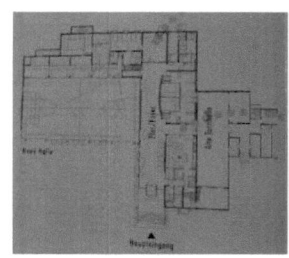

Die evangelische Kirchengemeinde Marktlustenau

Kanzel und Altarraum

143

Kircheninnenraum und Orgel

Das Glasbild, das mehr oder weniger beachtet, hinter dem Taufstein in Markt-lustenau steht, wird zur Passionszeit meist etwas hervor geholt, um für den Rest des Jahres wieder in den Hintergrund zu treten.

Heidi Gary: „Ich kann mich noch gut daran erinnern, wie der Rahmen zu den Bildern von meinem Schwager Martin Gary bei uns in der Werkstatt gefertigt wurde. Das ist jetzt ziemlich genau 30 Jahre her; um die Entstehungszeit in etwa zu datieren". Die Bilder wurden auf Anregung von Pfarrer Bernd Küster von der damaligen Jungschar- bzw. Konfirmandengruppe gefertigt.

Es beschreibt die Kreuzweggeschichte (Matth. 26-28; Mark. 14-16; Luk. 22+23; Joh. 12+13+16-19) Das Bild besteht aus 18 Glasbildern, die zu je drei Bildern in sechs Reihen angeordnet sind. Die obersten zwei Reihen ergeben ein sechstei-liges Bild.

Kirchenfenster und Glasbild

Pfarrerin Cornelia Schmutz:

„Eine schlichte Holztafel, die unscheinbar neben dem Taufstein hängt und auf vielen Taufbildern unbeabsichtigt zur Deko wird." Oben in der Mitte prangt ein prächtiger Adler, der Gottes Allmacht symbolisiert. Links der Schriftzug: *„Der Tod ist verschlungen in den Sieg"* und rechts: *„Tod wo ist dein Stachel, Hölle wo ist dein Sieg?"* Dann die Namen der Gefallenen:, darunter der Schriftzug: *„Den Gefallenen des Krieges 1939 -1945".*

Fotos: Evangelische Kirchengemeinden Marktlustenau-Waldtann

Die katholische Kirchengemeinde Marktlustenau

Fotos: Katholische Kirche Marktlustenau, Anita Gentner

Marktlustenau, Landgasthof-Hotel Zum Hirsch, 2021

1986 machte Hans Dollinger die Meisterprüfung zum Küchenmeister in der Berufsfachschule in Rothenburg o. d. Tauber.

Bis **1992** sammelten wir Erfahrungen in verschiedenen Hotels unter anderem im Hotel Traube Tonbach bei Freudenstadt das zu den Besten Deutschlands zählt.

1994 wurde der bestehende Saal durch einen Anbau erweitert. Hierbei wurde besonderer Wert auf das Material Holz gelegt, welches mit aufwendiger Schnitzerei ausgearbeitet wurde. Für diese speziellen Tätigkeiten, kamen nur Zimmerleute aus Garmisch Partenkirchen in Frage. Es entstand der wunderschöne Alpenländische Festsaal der schon oft bewundert wurde.

HIRSCH
Landgasthof · Hotel

Inhaber und Besitzer
Hans Dollinger
Marktstraße 38
74594 Kreßberg - Marktlustenau
Tel: 07957 - 216

1996 Die bestehenden Zimmer im 1 Stock wurden renoviert. Es entstanden moderne Zimmer mit Bad und neuer Technik die mit 3 Sternen klassifiziert wurden.

1998 Im 2. Stock entstand eine gemütliche Sauna mit Ruheraum im mediterranen Stil.

1999 Nun wurden die Zimmer im 2. Stock renoviert und samt Technik auf neuesten Stand gebracht.

2009 Die bestehende Öl Zentral Heizung wurde ersetzt durch einen Holzvergaser und einer Solaranlage die umweltfreundlich ca. 5 Monate ausreichend Energie der Sonne zur Verfügung stellt.

2010 Wir investierten in eine Fotovoltaik Anlage um die stetig steigenden Energiekosten zu senken und klimaneutral zu werden.

Bilder und Text zur Verfügung gestellt von Familie Dollinger
Hans Dollinger: "Das Gasthaus hat mein Großvater gekauft und stand in der
Marktlustenauer Kurve. Die Siegeslinde in der Kurve stand früher schon und
prägt die Kurve bis heute. Im 1. Stock des Hauses befand sich früher die Praxis
einer Zahnärztin und der Festsaal. Im EG war die Küche und die Wirtschaft.
Im Hinter-grund ist auch noch die Dorfschmiede zu sehen. Diese stand da, wo
heute der Kirchenparkplatz ist.

Kurve 1965   Kurve 2021, Wohnanlage Tempelblick
                                    (früher Schule)

Der Neubau des Landgasthofes war 1970 und erfolgte durch meine Eltern. Als meine Frau und ich 1992 den elterlichen Betrieb übernommen haben, wurde Jahr für Jahr modernisiert und 1994 auch der Saal mit Turm angebaut. "

2021

Die Krippe in der kath. Kirchengemeinde Marktlustenau

Hier wohnte der Zimmermann Alfred Troßbach. Er baute die fränkische Handwerkerkrippe, die im Dezember in der katholischen Kirche in Marktlustenau aufgebaut wird. Das Hintergrundbild, das Marktlustenau zeigt, malte Josef Lipp. Er hat auch viele Landschaftsbilder an Hausfassaden gemalt.

Theatergruppe des Ball-Club Marktlustenau

Kontakt:
Kornmarktstraße 15
74594 Kreßberg
E-Mail: info@bcmarktlustenau.de
Ansprechpartner: Eddie Dänzer

Aufgezeichnet nach einem Gespräch mit Isabell David im Mai 2021.

Das Theater ist ein reines Dorftheater. Entstanden ist es aus dem Ball-Club Marktlustenau. In der Saison werden bis zu 4 Auftritte realisiert. Unser Theater ist sehr klein. Wir haben ca. 6-8 feste Mitspieler und ca. 20 Helfer.

Wir spielen in der alten Kreßberghalle vor ca. 200 Besuchern. Sie hat entgegen der neuen Halle eine feste Bühne. Unser Bühnenbild besteht aus vorgefertigten Holzplatten mit handgemalten Bildern, die jedes Jahr wieder benutzt werden können. W

Wir dekorieren sie dann jedes Jahr neu, je nachdem, wie das Stück ist. Die Requisiten bekommen wir hauptsächlich von den Mitspielern, deren Familie und Bewohnern von Marktlustenau.

Wenn wir neues Material benötigen, können wir auch bei den Firmen der Gegend nachfragen, so bekamen wir einmal Gardinen von der Firma Stribik oder Holz von der Firma Wolz.

154

Bewegung und Taktgefühl
Mittwochs 18:00 – 19:00 Uhr
Du hast Spaß am Tanzen und bewegst
dich gerne zur Musik? Dann bist du bei
mir genau richtig!!
WANN?
Immer Mittwochs ab 22.11.23 von 18 bis
19 Uhr
WO?
In der alten Halle Marktlustenau
FÜR WEN?
Tanzbegeisterte Kinder im Alter von 7
bis 11 Jahren
BEI WEM? Lara Yildiz
KONTAKT
Telefon: 0171 8006134

Jugend-Fußball

Herren-Fußball

Radsportgruppe
Rennrad
Ansprechpartner: Jochen
Gemeinsame Ausfahrt
Sonntags 09:30 ~ 12:00 Uhr
Treffpunkt bei normalen Wetter-
bedingungen:
Breitwasen, 74594 Kreßberg-
Marktlustenau

Zumba Training mit Jörg
Ansprechpartner: Carolin
Fitness Tanz
Donnerstags 18:30 Uhr
Beschreibung: Workout mit Tanz
zur Musik. Jetzt startet wieder ein
neuer Kurs.
WANN? Donnerstags ab 26.09.24
um 18.30 Uhr
WO? In der alten Halle Marktlus-
tenau
KONTAKT:
Carolin Tel.: 0151/23261400
Reha Sport mit Jörg

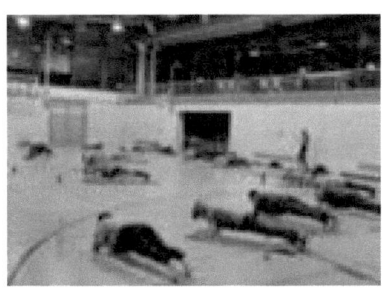

Fitnesstraining mit Abwechslung
Montags 19:00 – 20:00 Uhr

Unser Kurs bietet präfentives Herz-Kreislauftraining, Muskelaufbau und Gleichgewichtsübungen zur Sturzprophylaxe. Ein abwechslungs-reiches Programm um alle Muskelgruppen zu trainieren, den Beckenboden und Rücken zu stärken, Bauch und Po zu formen. Gesund und fit zu bleiben ist unser Ziel. Der Kurs findet in der Kreßberghalle in Marktlustenau statt.

Um sich für Trainingsstunden anzumelden, schicke einfach eine Anfrage per E-Mail an »info@bcmarktlustenau.de« oder benutze unser »Kontaktformular«.

Ansprechpartner: Carolin
Sportgymnastik
Donnerstags 19:25 Uhr

Beschreibung: Super geeignet zur Mobilisation, Beweglichkeit und zur Kräftigung. Jetzt startet ein neuer Kurs.
WANN? Donnerstags ab 26.09.24 um 19.25 Uhr.
WO? In der Kressberghalle in Marktlustenau
KONTAKT:
Carolin Tel.: 0151/23261400

Deine Mitgliedschaft bei uns

Der Beitritt zum Verein muss schriftlich erfolgen. Das zugehörige Formular kannst Du auf der Vereinsseite herunterladen. Fülle es einfach aus und sende es uns unterschrieben per E-Mail zurück. Der Beitrag für eine Jahresmitgliedschaft beträgt nur: € 40,-

Wir freuen uns auf Dich!

Am 26. Juli 2025, Der 31: Kreßberg-Lauf
und Brunnenfest Marktlustenau

Start Dorfzentrum *Marktstrasse 29, Marktlustenau*

Bist Du schon fit für den Kress-berg-lauf 2025? Am 26. Juli 2025 lädt der BC Marktlustenau wieder zum Brunnenfest mit Kreßberglauf ein.

Fotos und Informationen von www.bcmarktlustenau.de

Im Juli eines jeden Jahres findet der Kreßberglauf für Kinder nachmittags ab 15.30 Uhr über 400 Meter und danach für Erwachsene über 5 und 10 km statt. Der Weg führt von Marktlustenau über 2 Getränkestationen rund um den HohenKreßberg. Bis zu 100 Läufer können sich anmelden.

Zum 39. Mal veranstalten wir unser "Brunnenfest" – im Grunde "das" Sommerfest für's ganze Dorf.

Kein Kulturfest, aber ein Fest mit Kultcharakter – Auch dieses Jahr werden wieder viele fleißige Helfer ab Freitagabend bis Sonntagmittag im Einsatz sein, um den zahlreichen Gästen ein attraktives Fest darbieten zu können. Vorab ein herzliches Dankeschön an die vielen Helfer, ohne die dieses Fest nicht möglich wäre.

Der Ballclub Marktlustenau freut sich darauf, wenn sich die Gäste von Nah und Fern bei Steak, Schnitzelburger, Bratwurst, Pommes und dem berühmten Salat von der Theke der Landfrauen wohlfühlen. Seit vielen Jahren nun ist das Brunnenfest das Event um Freunde zu treffen, oder um die alte Heimat zu besuchen.

Auf abwechslungsreiche musikalische Unterhaltung darf man sich auch dieses Jahr wieder freuen. Eine große zusätzliche Attraktion ist seit 31 Jahren der Kreßberglauf.

Vom damaligen Vorsitzenden Karl Brehm eingeführt und bis 2024 unter der Leitung von Dieter Langohr erfolgreich fortgeführt, formiert sich nun die Nachfolge zusammen mit treuen Helfern um die beliebte Veranstaltung fortzuführen. Vor allem die Bambini (Start: 15.25 Uhr) melden sich zuhauf an, dank des Kindergartens in Marktlustenau und der umliegenden Jugendfußballabteilungen. Aber auch die versierten Läufer (Start: 16 Uhr) haben die Schwierigkeit der Strecke zu schätzen gelernt. Nicht jeder hält zehn Kilometer bei glühender Hitze und Schwüle durch.

Deswegen ist der Fünf-Kilometer-Jedermann Lauf die richtige Wahl für die Mehrheit. Auf den Strecken sind Flüssigkeitsstationen eingerichtet. Die Ortsdurchfahrt ist von Freitagabend, 19 Uhr, bis Sonntagmittag, 12 Uhr, für den Verkehr gesperrt. Eine Umleitung ist ausgeschildert. Der Veranstalter bittet darum, die Rettungswege nicht zuzuparken und die Zufahrten zu den einzelnen Betrieben und Wohnhäusern jederzeit zu gewährleisten.

jedes Kind bekommt eine Urkunde. Alle Fotos aus Privatbesitz

Kressberger Wanderwege:
Wanderung von Marktlustenau in Richtung Kühnhard
über Funkfeuer und Kreuz

Start ist das Landgasthof-Hotel Zum Hirsch in Marktlustenau, es geht vorbei an der Pferdekoppel, über die Straße zum Dorfbrunnen, dann hoch zur Kapelle, drehen dort um, gehen zum Funkfeuer und dann zum Kreuz. Dort an der Bank machen wir Pause und gehen zurück. Dauer: ca.1 Stunde, 4 km

Mistlau

Um magere Hänge für die Schweinemast nutzbar zu machen, legte man früher da und dort Eichenpflanzungen an. Der Hirtenbuck nördlich von Mistlau ist ein landschafts-bestimmender Hang mit einem Eichenhain, Obstbaumwiesen und Magerwiesen und Ausblick ins obere Reiglersbachtal.
Foto: www.leo-bw.de

Die Waldweide war die wichtigste Schweinehaltungsform seit der Domestikation des Schweines und hatte etwa 10.000 Jahre Bestand. Eichenwälder und z. T. auch Buchenwälder waren die wichtigste Grundlage für die Schweinehaltung. Seit 14.08.1987 ist das Gebiet „Hirtenbuck" Landschaftsschutzgebiet.

Georg Dietrich aus Mistlau und seine Frau Hilde bekamen 1961 den Münzingerpreis und 1978 das große Bundesverdienstkreuz für deren Einsatz für die Landwirtschaft. Durch die Technisierung veränderten sich die Strukturen. Arbeitskräfte wurden eingespart. Im Jahr 1974 haben in der Gemeinde Waldtann 38 Landwirtschaften den Betrieb eingestellt. In Mistlau, mit der Zubenennung »an der Laube« wegen der umliegenden Laubwald-flächen, glich die rechtliche Situation derjenigen Bergbronns. Neben Crailsheim mit drei Gemeinrechten und der Pfarrei Westgartshausen mit einem Gemeinrecht gehörten die anderen vier Güter den Herren von Ellrichshausen. Sie waren aber nicht deren Eigen, sondern als oettingische Lehen ein Splitter der reichen Besitzungen, welche diese Familie vor 1310 östlich von Crailsheim besessen hatte.

Auszug aus der Beschreibung des Oberamts Crailsheim 1884

Mistlau, im Unterschied von Mistlau an der Jagst CA. Gerabronn genannt Mistlau an der Laube (dem Laubwald, einer Seltenheit in der Gegend) liegt sehr freundlich am Fuß der Höhe, auf welcher die Landstraße nach Dinkelsbühl hinzieht, in dem wiesengrünen Thälchen des Reiglersbachs, der hier beginnt und nach einer plötzlichen Wendung aus der nordsüdlichen in die ostwestliche Richtung bei Stimpfach in das Jagstthal mündet.

Es ist ein kleiner wohlhabender Weiler mit 8 sauberen Häusern und früherem Sommer als Waldthann. Mistelouwe, die Au, in der der Mistelstrauch wächst, wenn nicht die nebelreiche Aue, ist vielleicht jenes Mistlau, in welchem Komburg bereits im 11. Jahrhundert Einkünfte hatte, W. U. 1, 392, obgleich sich später kein komburgischer Besitz mehr dort nachweisen läßt. Oettingen hatte Lehensgüter in M., auch Zehntrechte.

1405 wurde Seiz Hammer von Crailsheim, 1441 Mich. Völker Kastner und 1450 neben ihm Martin Mistlauer in Dinkelsbühl mit einem halben Hof belehnt, 1473 Heinrich Völker, 1482 Hans Völker, Sekretär, 1523 Heinrich Völker, 1560 Burkhard Hirsing von Crailsheim, Keßler Oett. Coll.

Im 15. Jahrhundert sind die Herren von Jagstheim hier begütert. Ihre Rechte kamen später an die Herren von Ellrichshausen. 1409 verzichten Hans Altenburg, sein Bruder Eckardt und seine Schwester Katharina gegen Eckard Adel, gen. der reiche Adel von Jagstheim, auf ein von seinem Vater Adel v. Jagstheim erhaltenes Gütlein und den halben Zehnten zu Mistlau.

Eckard wurde 1410 von den Grafen vor. Oettingen mit dem Zehnten belehnt (Biederm). Hans von Altenburg hatte auch Briefe von Betz v. Goltbach und seinem Sohn, Herrn Hans. 1412 verkauft Eckart Adel v. Jagstheim sein Gut zu Mistlau mit dem halben großen und kleinen Zehnten und Holz an der Bergbronner Steige an den Spital zu Crailsheim, der 1412 Seiz Lichtenberg verspricht, ihn in dem Besitz des gemeinschaftlich mit dem Spital erkauften halben Guts nicht irren zu wollen, Cr. Urk.

Auf eine alte Markgenossenschaft mit Wegseß deutet ein 1421 durch den Rath zu Crailsheim gemachter Vertrag zwischen den beiden Gemeinden. Wegseß behauptete, die beiden Gemeinden haben bisher einen gemeinsamen Hirten gehabt, während Mistlau nach Zeugenaussage seit mehr als 60 Jahren einen eigenen Hirten hatte.

Um 1500 war besonders Heinrich Völker reich begütert in M. 1481 verpachtet Hans Völker, markgräflicher Kanzler, Namens seiner Bruderskinder an die Gemeinden Mistlau und Wegseß die Weide am Eichenbühl. 1524 verkaufen Heinrichs Kinder Friedrich, Apollonia, Barbara, Kunigunde, 2 Güter an die St. Johanniskirche in Crailsheim und 1525 ein Gut an die Kirche zu Westgartshausen (Cr. Reg.).

1572 10. Dez. gab Valent. Heinrich v. Ellrichshausen 4 Güter zu M. im Werth von 800 fl. an Oettingen zu Lehen, Oett. Arch. 1732 hatte das Spital zu Crailsheim 3, der Heilige zu Westgartshausen 1 und die Herren v. Ellrichshausen in Jagstheim 4 Hintersaßen. Der Zehnte gehörte theils dem gen. Spital, theils der Pfarrei Waldthann. OA.Beschr. v. Vetter.

162

Wanderwege in Kreßberg heute von Mistlau über Oßhalden, Hochholz, Sixenhof, Oßhalden, Mistlau

Über die Gemeindeverwaltung Kreßberg besorgen wir uns die Wanderkarten der Wäldergemeinden. Heute beginnen wir mit der Karte 21 und 22. Die Wanderung dauert für den geübten Wanderer 1 Stunde oder 5 km. Da wir durch den Wald gehen, über Stock und Stein, sind ordentliche Wanderschuhe erforderlich.

Wir fahren nach Mistlau und stellen das Auto am Parkplatz ab. Unsere Wander-Route ist von Mistlau über Oßhalden, Hochholz, Sixenhof, Oßhalden, Mistlau. Die erste halbe Stunde laufen wir über geteerte Straßen oder über gut befestigte Wege. Der Wanderweg ist ausgeschildert mit E8, Jagststeig. Wir gehen nach rechts und folgen weiter dem Weg. Links von uns ist Wald und rechts die schöne Aussicht über die Ebene um Oßhalden.

Auf der rechten Seite sehen wir nun eine eingezäunte Aufforstungsfläche mit Nadelbäumen. Nun gehen wir links hoch in den Wald (Hochholz). Im Wald finden wir auf der rechten Seite eine Igelburg und einen Steinhaufen, wo viele Tiere wohnen.

Dort folgen wir immer dem Waldweg und laufen so, das wir zum Schluss genau über dem Ort Oßhalden wieder ankommen. Von dort laufen wir wieder zurück.

Der Weg im Wald ist sehr beschwerlich, aber doch gut zu laufen. Folgende Tiere kann man sehen: Rehe, verschiedene Schmetterlinge, Blindschleichen, Lurche

Sehenswürdigkeit ist das ca. 1760 an der Straße nach Dinkelsbühl gebaute Wirtshaus. Ansbach hatte hier eine Zollstätte. Das Wirtshaus diente als Poststation und Raststätte für Fuhrleute. Später wurde auch eine Brauerei angebaut. Seit 1960 ist Neuhaus ein Luftkurort. Neuhaus hat derzeit 11 Einwohner und liegt am Europäischen Wanderweg E8. Alte Postkarte um 1900

Auszug aus Beschreibung des Oberamts Crailsheim 1884

Der jüngste Wohnplatz ist ohne Zweifel Neuhaus, das erst Ende des 18. Jahrhunderts als ansbachisches Gasthaus und Zollstation entstand. Auf der Gemar-kung liegen eine ganze Reihe abgegangener Wohnplätze. Die Einzelhöfe Herten-berg und Köllhäuslein wurden wohl im 30-jährigen Krieg verlassen, letzterer später noch einige Zeit als ansbachisches Zollhaus genutzt. Die Weiler Klingenbach und Ramboldshausen sind deutlich früher abgegangen. Neuhaus ist ein ein Ende des vorigen Jahrhunderts an der frequenten Staatsstraße auf dem Kamm der Wasserscheide zwischen Rhein und Donau erbautes Wirthshaus, umgeben von herrlichen Tannenwäldern, gewährt eine herrliche Aussicht auf die Ellwanger Berge, besonders die Kirche auf dem Schönenberg und auf die Albberge bis zum Rechberg, steht in kirchlichem Verband mit Westgartshausen.

Oberstelzhausen

Heute wohnen in Oberstelzhausen 24 Menschen.

Auszug aus der Beschreibung des Oberamts Crailsheim 1884

Neben Marktlustenau, Kreßberg und Tempelhof fielen auch die Weiler Ober- und Unterstelzhausen, Halden und Asbach zur Gänze, Riegelbach in Teilen in den Kreßberg-Marktlustenauer Hochgerichtsbezirk.

Die beiden Stelzhausen – »ambabus villis Stoltzhusen« – sind erstmals zwischen 1317 und 1322 bei der Belehnung der Herren von Krebsberg mit Zehntanteilen in den Orten erwähnt. Schon in einer früheren Belehnung wird Stelzhausen, allerdings ohne weitere Attribute, genannt; möglicherweise bestand zu diesem Zeitpunkt erst eine Siedlung dieses Namens. Wenig später gelangte der Zehntanteil an einen Dinkelsbühler Bürger. Auch am Grundbesitz waren Dinkelsbühler Bürger und das Spital der Stadt beteiligt.

Riegelbach

ist ein Weiler im Ortsteil Marktlustenau der Gemeinde Kreßberg. Ein Weiler ist eine Wohnsiedlung, die aus wenigen Gebäuden besteht. Ein Weiler ist kleiner als ein Dorf aber größer als eine Einzelsiedlung. In Riegelbach wohnen derzeit 53 Personen.

Riegelbach während Corona 2021

Auszug aus der Beschreibung des Oberamts Crailsheim 1884

Riegelbach hingegen gehörte nur teilweise zum Bezirk des Ritterguts Kreßberg, die Herrschaft über den Ort übten als weitere Ganerben Dinkelsbühl und der Deutsche Orden aus, die 1561 eine gemeinsame Dorfordnung erließen. Auch Riegelbach war in die schon erwähnte Belehnung der Herren von Kreßberg durch Würzburg einbezogen, doch könnte die Erwähnung eines Konrad von Riegelbach in einer Urkunde von 1265 mit der gebotenen Vorsicht auf unseren Ort bezogen werden.

Eine Ganerbschaft war nach altdeutschem Erbrecht das gemeinsame Familienvermögen, vorwiegend Grundbesitz, über das die Ganerben nur gemeinsam verfügen konnten. Ganerbschaften entstanden durch die gleichzeitige Berufung mehrerer Miterben zu ein und demselben Nachlassgegenstand, wie sie vor allem im Mittelalter vorwiegend aus familienpolitischen Gründen vorkamen.

Schilder in Tempelhof verweisen auf den Verkauf von Pflanzen in Riegelbach

In Rotmühle wohnen derzeit 8 Personen.

Auszug aus der Beschreibung des Oberamts Crailsheim 1884

Schließlich bestehen noch als jüngste Wohnplätze der Gemarkung die Rot-
und die Schönmühle, die beide nicht vor dem 15. Jahrhundert erbaut wurden.
Die Schönmühle gehörte den Herren von Knöringen, die Rotmühle in das
Rittergut Kreßberg.

In der Ortschronik von 1986 beschreibt Pfarrer Alfred Brenner , dass neben dem Hochadel auch niedriger Adel in Waldtann vertreten war. Ein solches Herrenhaus stand südlich von Waldtann auf der bewaldeten Anhöhe von Rötsweiler, Reste des Herrenhauses waren noch 1700 vorhanden. In Rötsweiler steht der letzte noch funktionsfähige Brunnen von Kreßberg. (Aussage Alfred Brenner). In Rötsweiler wohnen derzeit 16 Personen

Auszug aus der Beschreibung des Oberamts Crailsheim 1884

Rötsweiler ist ein kleiner Weiler mit 5 Häusern. Er liegt auf der Höhe südlich von Waldthann in idyllischer Waldeinsamkeit. Rötsweiler unter altem Namen wahr-scheinlich Ruzzenweiler, der Weiler eines Ruzzo gehörte dem Spital Dinkelsbühl. Die erste Nennung erfolgte 1391 unter Röschweiler später 1437 unter Rötsweiler aber auch unter Ruzzenweiler. 1391 gab Bertold Goltbach für sich und seinen Gesellen Cunz v. Crewelsheim 15 Schillinge und ein Fastnachtshuhn aus einem Gut zu Röschweiler an den Spital zu Dinkelsbühl (Gültbuch des Spitals Dink. v. 1391) rosche bedeutet steiler Bergabhang. 1402 wurde für die Kirche zu Waldthann 2 fl. Gült aus einem Hof zu R. erkauft (Not. v. Pf. Seuffer). 1428 verkaufte Adelheit Myndstein, Hein. Myndsteins sel.

We., Hans Schmid ihr Schwiegersohn, Margareta, ihre Tochter, B. zu D. an Hans Berner, Becken daselbst, ihr Gilt zu R., darauf der junge Zerrer saß, Dk. A. 1437 stiften Engelhard Rot und Adelheid ux. in die Kirche zu Waltann den halben Zehnten zu Rötsweiler, Stegen, Ramprechtshausen und Hertenberg, davon dem Dekan zu Dinkelsbühl 60 Pf., dem Pfr. zu Lustenau 40 Pf. zustehen, Nürnb. Kb., Cr. Reg.

Rudolfsberg

Obermatrose Bullinger, Georg Heinrich ist 1892 in Rudolfsberg geboren
(www.leo-bw.de)

Ursprünglich stand dort ein Wald, der 1442 von den von Vellberg an Ansbach kam. Seit 1549 entstand ein Rodungsweiler, der nach dem 30-Jährigen Krieg an die Eisen zu Crailsheim kam, die hier einen Wohnsitz, das abgegangene Schlößchen, bauten. Alle Rechte besaß im 18. Jahrhundert Ansbach. In Rudolfsberg wohnen derzeit 115 Menschen.

Auszug aus der Beschreibung des Oberamts Crailsheim 1884

Rudolfsberg *ist* ein unansehnlicher, langgestreckter Weiler mit 21 Häusern 2,5 km westlich von Mariäkappel unweit der Landstraße nach Feuchtwangen. Rudolfsberg gewährt eine schöne Aussicht nach Norden und Nordosten gegen Rothenburg a. d. Tauber, Schillingsfürst und das Oberamt Gerabronn, gegen Süden auf die Albkette, besonders den Hohenstaufen. Rudolfsberg war bis 1549 ein Wald, den Herren von Vellberg gehörig s. a. Hans v. Vellberg verkauft an Seitz v. Kotznihel und Hans v. Vellberg jun. sein Theil des Holzes R. 1435 erkauft Haug v. Vellberg und sein Sohn das Holz Rudolzberg unter dem Eichlesberg von Heinz Karpf zu Crailsheim Nürnb. Kr.A. 1442 verkauften die Gebrüder Hans Wilhelm und Jörg von Vellberg den Wald an Markgraf Albrecht, St.A. 1545 wurde Friedrich Völker mit dem Holz Rudolfsberg belehnt. Aber 1549 sagt das Taufbuch von Crailsheim: Rudolfsberg ager incultus, olim silva nobilium a Bern-hardsweiler, 1549 aliquot rusticis distributus. Hec villula non pertinet ad parochiam Crailsheim.

1573 hatten die Völkerschen Kinder noch Rudolfsberg als markgräfliches Lehen, später fiel es an den Markgrafen zurück. Nach dem 30jährigen Krieg wohnte hier die angesehene Familie Eisen (s. Crailsheim), weshalb die Sage von einem Schloß in R. redet. Die Kirchenbücher von Mariäkappel berichten: „1675 6. Juli wurde begraben der hochedelgeborne und gestrenge Junker Joh. Ludw. Adler v. Lindenau (bei Hall), gewesener Kornet unter der bayrischen Leibkompagnie, so bei Neidenfels nebst seinem Knecht in der Jagst ertrunken und zu seiner Schwester auf den Rudelzberg geführt wurde, ein Apostata. 1690 28. Dez. starb die alte adelige Frau Anna Salome Eysen geb. Adlerin auf Rudelzberg."

Felix, † 2021

Fahrradfahrer, 06/2021

173

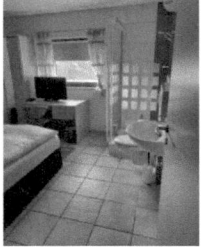
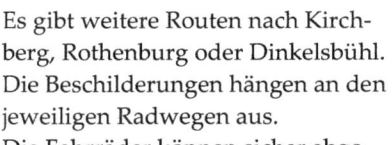

Maria Leyh
Schwabenäcker 16
74594 Kreßberg-Rudolfsberg
Tel. 07951-961 373

Unser Gasthaus "zum grünen Wald" liegt in ruhiger, idyllischer Waldrandlage in Kreßberg. Das Gasthaus mit Biergarten verfügt über 7 gemütlich renovierte Zimmer mit Dusche und WC sowie auch freien WLAN Zugang. Die gutbürgerliche Küche bietet überwiegend Hausmannskost an.

Restaurant, Biergarten, Gästezimmer, direkt am Fahrradweg

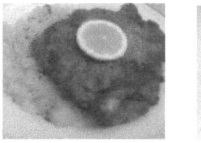

Es gibt weitere Routen nach Kirchberg, Rothenburg oder Dinkelsbühl. Die Beschilderungen hängen an den jeweiligen Radwegen aus.
Die Fahrräder können sicher abgestellt werden. Die neuen Fahrradwege bieten eine sehr gute Zufahrt bzw. Rastplatz in unserem Rudolfsberg.

„Hier gibts seit Jahren den besten Wurstsalat und die besten Koteletts mit Kartoffelsalat in der ganzen Umgebung. Dazu ein kaltes Radler, was will man mehr." I
Interview im Biergarten, Gäste und Kreßberger. 06/2021

Heute große Wanderung ab Beuerlbach-um Rudolfsberg herum- und zurück.
Strecke 6,4 km, Laufzeit 1 1/2 Stunden.

Der Weg ist gut für den geübten Wanderer laufbar, es handelt sich um Wald-
wege aus Sand und Wege, die mit Split befestigt sind. Allerdings müssen immer mal wieder mehrere Höhenmeter bezwungen werden.

Das Auto kann unten hingestellt werden. Auf dem Wanderweg darf kein Auto
fahren. Wir starten - siehe Karte, links unten, dort wo der kleine weiße Weg
über den Kühnbach verläuft. Wir laufen den Berg hoch, kommen an den
Crailsheimer Mammutbäumen vorbei, laufen nach Rudolfsberg, kommen bei
Ina bzw. am Wasserturm raus. Wir gehen um das Gasthaus "grünen Baum"
herum und laufen in den Ort Rudolfsberg bis zum Schluss. Rechts unten ist
ein wunderschönes Gartengelände. Dann am Garten rechts vorbei und den
Berg wieder runter. Von hier kommt man dann wieder zum Parkplatz.

Reinhold Kett spielte am 19.09.2020 vor dem Gasthaus Grüner Wald anlässlich des Volksfestes in Crailsheim

Foto Lonja Mandlik

Ruppersbach

In Ruppersbach wohnen 31 Menschen.

Auszug aus der Beschreibung des Oberamts Crailsheim 1884

Ruppertsbach (der Bach eines Ruodbero?), in waldabgelegener Einsamkeit hoch über einem Seitenthälchen des Reiglersbaches, ist ein wohlhabender Weiler, der zur Pfarrei Lustenau gehört. Der Ort war dinkelsbühlisch. 1386 hatte der Deutschorden in Mergentheim von Conz Pysser und Agnes ux. ihr Gut zu Rupersbach erkauft, Reg. boic. 10, 196, das an Matth. Härttlin, B. zu Dinkelsbühl verkauft wurde und von diesem 1435 an Leirhansen zu Bergbronn kam, Dk. A. 1474 gab Anna Creissin, We. Hans Reinhardts zu Crailsheim, ihrem Adoptivsohn Hans Metzer von Cr., Bürger zu Mergentheim, mit Hand und Halm ihren Hof R., Dk. A. Den Zehnten bezog die Pfarrei Lustenau, später die Herren von Knöringen.

Schönbronn

Früher auch Schönbrünnlein. Heute wohnen hier 42 Menschen. Zur Unterscheidung vom nahen gleichnamigen Wohnplatz der Gemeinde Wört (Ostalbkreis) auch Schönbrünnlein genannt. Gehörte zum Rittergut Bernhardsweiler.

Gasthaus Adler Schönbronn

Auszug aus der Beschreibung des Oberamts Crailsheim 1884

Auch die Ersterwähnung von Bräunersberg erfolgte bei der Belehnung der Herren von Kreßberg mit Zehntanteilen in diesem Ort. Die Zehntverpflichtung zum Rittergut Kreßberg blieb bis zum Ende des Alten Reichs bestehen, doch andere Rechte und Güter standen Kreßberg hier nicht zu.

Die vier Güter des Weilers gelangten an das Rittergut Bernhardsweiler, zu dem auch Schönbronn gehörte, wobei hier eines der sechs Güter einen Grundherrn aus Dinkelsbühl hatte. In einer Dinkelsbühler Schenkungsurkunde von 1381 findet sich auch die sichere Ersterwähnung des Orts. In Bräunersberg wie in Schönbronn lag die Vogtei außerhalb des Dorfbezirks und die Hochgerichtsbarkeit bei Ansbach.

Mit den beiden vorherigen hatte Gaisbühl gemeinsam, dass alle drei nach Marktlustenau eingepfarrt waren und auch hier das Rittergut Kreßberg zehntberechtigt war, doch hatte das Rittergut Bernhardsweiler hier weder Grundbesitz noch Rechte. Zwei Güter waren crailsheimisch, zehn gehörten nach Dinkelsbühl. Innerhalb des Dorfbezirks hatten die jeweiligen Grundherren auf den Höfen die Vogtei und niedere Gerichtsbarkeit, außerhalb lag sie wie die Hochgerichtsbarkeit bei Ansbach.

Schönmühle

Der Ort Schönmühle ist leider nicht mehr bewohnt. Er liegt direkt am Schönweiher. Im Winter fror er vollständig zu, so dass die Kinder hier Schlittschuhlaufen konnten.

Auszug aus der Beschreibung des Oberamts Crailsheim 1884

Schließlich bestehen noch als jüngste Wohnplätze der Gemarkung die Rot- und die Schönmühle, die beide nicht vor dem 15. Jahrhundert erbaut wurden. Die Schönmühle gehörte den Herren von Knöringen, die Rotmühle in das Rittergut Kreßberg.

Schwarzenhorb

In Schwarzenhorb wohnen derzeit 17 Personen. Schwarzenhorb ist für seine Pferdezucht bekannt. Überall im Ort und herum finden sich Pferdekoppeln und Pferdeställe. Im Zentrum befindet sich die große Halle.

Die Pferde aus Schwarzenhorb sind regelmäßig beim Volksfestumzug der Stadt Crailsheim dabei.

Schwarzenhorb

Auszug aus der Beschreibung des Oberamts Crailsheim 1884

Schwarzenhorb, ein Weiler mit 7 Häusern, liegt unterhalb Hohenberg in einem kleinen Thälchen, ca. 2 1/2 km südlich von Mariäkappel.

Swarzenhorewe, der Weiler an einem schwarzen Sumpfwasser, gehörte 1183, aber noch nicht 1178 dem St. Morizstift in Augsburg. Schwarzenhorb wurde aber ohne Zweifel mit Crailsheim von diesem Stift 1289 an die Grafen von

181

Oettingen verkauft und war 1357 ein Theil des hohenlohischen Amts Crailsheim.

1399 kam es an Brandenburg. 1732 waren hier 2 zehntfreie Höfe.

Selgenstadt

Auszug aus der Beschreibung des Oberamts Crailsheim 1884

Selgenstadt (Stätte eines Salecho?), ist ein Weiler zwischen der Haselklinge und dem Kesselbach in waldreicher Ebene.

Selgenstadt gehörte 1732 zum brandenburgischen Kammergut (14 Hintersaßen) wie Haselhof, wahrscheinlich erworben von dem Rath Staudacher und Kastner Cleminius zu Wassertrüdingen, welche 1698 den Wald Hessich von der Stadt Dinkelsbühl sammt Unterthanen erkauften.

1474 eignet Johann v. Heideck Benz Mayer zu Abertshausen den Zehnten aus etlichen Huben und Hofstätten zu Selgenstatt.

1502 verzichtet Hans Rewh v. Willenholz und Gen. auf seine Ansprüche an das Wechselholz des Spitals zu Dinkelsbühl, das vor Zeiten eine Ödung gewesen und Selgenstatt geheißen oberh. Brümens (?) Dink. Arch.

Der Spital kaufte auch 1560 Martin Dorsch 3/4 fl. aus seiner Gunstgerechtigkeit an des Spitalshof ab. 1583 vertragen sich Horschhausen und Selgenstatt über Hut und Trieb auf dem Stein und Bürg an den lichten Eichen (St.A. Dink. Arch. Cr. Reg.).

Kreßberger Wanderwege Wanderung hinter Selgenstadt

Wanderkarte 19 und 20 benutzen

Diese Wanderung kann trotz Höhenunterschieden auch mit einem Kinderwagen bestritten werden. Man läuft nur auf befestigten Wegen. Die Route umfasst 2,95 km, 0,40 min und 4333 Schritte.

Start am Wanderparkplatz Roter Berg (?). Von dort geht es geradeaus den Berg runter bis zum Wald , biegt nach links und folgt immer dem Hauptweg. Nun geht es den Berg wieder hinauf. Jetzt solltet ihr auf das Schild mit der Wasserscheide und Naturschutzgebiet stoßen. Wenn man weiter geradeaus läuft, findet man den Wanderparkplatz. Oben an der Wasserscheide hat man einen großartigen Blick Richtung Leukershausen.

Selgenstadt

In Stegenhof wohnen 10 Menschen.

Auszug aus der Beschreibung des Oberamts Crailsheim 1884

Stegenhof, ein Hof in einsamem Waldthälchen, südwestlich von Waldthann, früher zum „Stegen" d. h. zur Treppe I oder Brückchen genannt. Stegenhof war 1303 ein würzburgisches Lehen, das Konrad und Herbrand v. Kreßberg empfiengen, Stegenhof gehörte aber später Dinkelsbühl. 1565 verkauft Hans Loher, B. zu Nördlingen, an Joh. Schwertfüer, Bürgermeister zu D., sein Holz 4 Morgen in des Spitals Hölzern beim Stegenhof, Dk. A.

Den Tempelhof hatten die von Knöringen 1510 vom Deutschen Orden mit allen Zubehörden und Rechten erworben. Kurz vor dem 30-jährigen Krieg war dort eine kleine Vierflügelanlage entstanden, die anstelle oben auf dem Kreßberg nach 1648 neuer Familiensitz wurde. Nach dem Verkauf 1674 an die Hofer von Lobenstein wurde der Tempelhof, nachdem er kurzfristig Ansbach gehört hatte, 1701 wieder von den von Knöringen erworben.

Im 17. Jahrhundert war das Gehöft Tempelhof ein Adelssitz, in dessen Zentrum ein Lustschloss stand. Ab 1843 wurde es als kirchliche Kinderrettungs- und Erziehungsanstalt genutzt, in der ab 1922 auch schwer erziehbare Fürsorgezöglinge Aufnahme fanden. Zwischen 1983 und 2006 diente es als Behinderteneinrichtung. 2010 wurde es nach mehrjährigem Leerstand von einer Interessengemeinschaft erworben, die ein ökologisches Dorf auf dem Gelände aufbaute.

Die „Zukunftswerkstatt" Schloss Tempelhof ist eine Lebensgemeinschaft mit derzeit 120 Erwachsenen und 30 Kindern. In diesem Dorf gibt es Wohnrecht auf Lebenszeit für etwa 32.000 Euro.

30 ha Boden, bestehend aus 4 ha Baugrund mit zahlreichen Gebäuden und 26 ha Agrarland, bieten Raum für gemeinschaftliches Wohnen und vielfältige

Möglichkeiten für gewerbliche Betriebe und kreative Projekte, die der Vision einer zukunftsfähigen Lebenskultur entsprechen sollen.

Morgenglanz der Ewigkeit, Licht vom unerschaffnen Lichte, schick uns diese Morgenzeit deine Strahlen zu Gesichte und vertreib durch deine Macht unsre Nacht.   Christian Knorr von Rosenroth

Bild aus dem Kirchenkalender 2021 Kirchengemeinde Marktlustenau-Waldtann.

Es gibt mehrere Großküchen auf dem Gelände, Werkstätten und große Gewerbeflächen, eine Mehrzweckhalle mit Bühne, Wohngebäude und ganz viel Natur. Die Bewirtschaftung des Landes dient der Selbstversorgung der Gemeinschaft mit biologischen Lebensmitteln – und der Wiederherstellung und Erhaltung natürlicher Kreisläufe. Tempelhof hat für seine Kinder seit 2019 eine eigene Grundschule als auch die Erlaubnis als Werkrealschule tätig sein zu dürfen, in der auch andere Schüler von außerhalb aufgenommen werden können. Es wird nach Montessori gearbeitet.

2015 Bau des Earthship, Foto: www.schloss-tempelhof.de, das Earthship (Planungsfoto)

Tempelhof

„Stellt euch ein Haus vor, das sich selbst heizt, sein Wasser liefert, Essen produziert. Es braucht keine teure Technologie, recycelt seinen eigenen Abfall, hat seine eigenen Energiequellen. Es kann überall und von jedem gebaut werden, aus Dingen, die unsere Gesellschaft wegwirft." Der US-Amerikaner Michael Reynolds entwickelte das Gebäudekonzept „Earthship" vor 40 Jahren, seitdem hilft er beim Bau solcher Gebäude auf der ganzen Welt.

Informationen über :
Tempelhof 3, 74594 Kreßberg, Stefan Schwarzer, Tel. 07957 9239 030
info@lebendige-landwirtschaft.de und www.schloss-tempelhof.de

Das Earthship 2021 und 2025

Die Strecke ist 4 km lang und man läuft ca. 1 Stunde Start und Ende ist der Holzplatz Waldtann. Start und Blick nach Tempelhof

In Unterstelzhausen wohnen 63 Menschen.
Auszug aus der Beschreibung des Oberamts Crailsheim 1884 Neben Marktlustenau, Kreßberg und Tempelhof fielen auch die Weiler Ober- und Unterstelzhausen, Halden und Asbach zur Gänze, Riegelbach in Teilen in den Kreßberg-Marktlustenauer Hochgerichtsbezirk.

Die beiden Stelzhausen – »ambabus villis Stoltzhusen« – sind erstmals zwischen 1317 und 1322 bei der Belehnung der Herren von Kreßsberg mit Zehntanteilen in den Orten erwähnt. Schon in einer früheren Belehnung wird Stelzhausen, allerdings ohne weitere Attribute, genannt; möglicherweise bestand zu diesem Zeitpunkt erst eine Siedlung dieses Namens. Wenig später gelangte der Zehntanteil an einen Dinkelsbühler Bürger. Auch am Grundbesitz waren Dinkelsbühler Bürger und das Spital der Stadt beteiligt.

Vehlenberg

In Vehlenberg wohnen 15 Menschen.

Auszug aus der Beschreibung des Oberamts Crailsheim 1884

Vehlenberg ist ein ein Weiler mit 8 Häusern. Er liegt zwischen Ruppertsbach
und Bergbronn auf einer von 2 Waldbächen umflossenen Anhöhe, abgelegen
vom Verkehr, gehört zur Pfarrei Lustenau. Vehlenberg in 1357 Velnberg genannt, 1489 dann Felenberg, 1529 Follenberg, cf. Velen- und Volenweiler im
OA. Künzelsau, abg. vom Pers.-N. Volo, gehörte 1357 Konrad v. Lickartshausen (Hohenl. Gültb. v. 1357). Gehörte später den Herren v. Morstein und dann
denen von Ellrichshausen.

1469 wurde Hans v. Morstein mit den Gütern, welche Fritz von Goltbach besessen, von Graf Friedrich v. Helfenstein belehnt, darunter der Hof zum Ve-
lenberg (Crailsh. Arch. in Rügland). 1473 verkaufen Fritz Geyer und Anastasia
Truchseß ux. ihren Hof zu F. an Lorenz Kraft, Nürnb. Kr.A., dieser 1503 an
Hans Lang, Nürnb. Kr. 1489 verkaufte Ludwig von Ellrichshausen den Hof
zum Felenberg an Heinrich, Georg und Albrecht, die Söhne Adams v. G., Dk.
A. 1529/32 gehörte der Hof Jörg Rauh, der 1529 mit Hans Dorsch von Gaisbühl
ein Bannholz im Hegenau, an Hans von Swabsberg Holz stoßend, von Leonh.
Geismüller, 1532 ein Gut zu Waldtann von den Heckel zu Fellenberg, Jörg,
Hans, Marg. und Anna und Diem Balthas zu Waldeck erkaufte, 1612 verkaufte
Georg Seubolt zum Vehlenberg 91/2 M. Wiesen in der Mezgersklinge an die
Gemeinde Waldthann, Cr. R.

1732 bestanden 2 Bauernhöfe und 4 Köblersgüter, welche letztere von jenen 2 Höfen zu Lehen giengen und Steuer an das Kastenamt Crailsheim gaben.

In Vötschenhof wohnten 2020 nur 2 Menschen und 2025 nur einer.

Auszug aus der Beschreibung des Oberamts Crailsheim 1884

Auf der Gemarkung Bergertshofen entstand 1860 der seit dem 30-jährigen Krieg wüste Vötschenhof wieder. Vötschenhof, ein südlich von Leukershausen an einer Halde gelegenes schönes Hofgut, bestand schon früher, war aber 1619 Öde (Wiese im Fetzschenhof, Gültb. der Pfarrei) und wurde 1860 neu angelegt.

1432 verkauft Martin von Gebsattel, Kommenthur zu Mergentheim, an Joh. Schellemann, Frühmesser U. L. F. zu Dinkelsbühl, den Fetzenhof, darauf Hans Kapp sitzt, den Hof, darauf Waginutz sitzt, das Gut, darauf Klapperulin sitzt, Dink. Arch.

Vötschenhof 1982, Bild Gemeinde

2020 und 2025 wohnten in Waidmannsberg 16 Personen.

Waidmannsberg gehört zu Leukershausen und wurde 1317 erstmals erwähnt. Frühere Namen waren 1317 Wignaugesberg und Widmannsberg in 1368. Ein Personenname Widmannsberg ist nicht sicher.

Zunächst im Besitz der von Lohr, 1317 gingen ellwangische Güter als Lehen in die Hand der von Klingenfels zu Krautheim.

Im 15. Jahrhundert kaufte das Spital Dinkelsbühl Güter. 1732 besaßen Ansbach-Crailsheim, die Schulpflege Crailsheim und Dinkelsbühl Anteile.

Auszug aus der Beschreibung des Oberamts Crailsheim 1884

Waidmannsberg ist ein kleiner Weiler südlich von Leukershausen auf der Höhe gelegen.Hieß früher auch Wignands- oder Wikmannsberg, also Besitz eines Wignand oder Wichmann

Gehörte ab 1317 Konrad v. Klingenfels, der es an Ellwangen zu Lehen gab. 1421 verkaufte Fritz Winterstein ein Gut zu Wikmansberg, da der Trechsel saß, einen Hof zu Hungerthal, eine Hofstatt zu Leukershausen. Ebenso verkaufte 1446 Kraft v. Enslingen ein Gütlein an den Spital zu Crailsheim. 1732 hatte das Kastenamt Cr. 2, die Schulpflege dort 1, Dinkelsbühl 1 Hintersaßen.

Ein jährliches Highlight war und ist das Straßenfest des Spfr Leukershausen-Mariäkappel in Waidmannsberg

2010 fand in Waidmannsberg
eine Kirche im Grünen statt.

Fotos:
https://www.kirchengemeind
e-mariaekappel-
leukershausen.de/

Haus Schwaid Waidmannsberg um 1900,
Foto aus https://www.kirchengemeinde-
mariaekappel-leukershausen.de

Haus Schwaid Waidmannsberg 2021
Foto Lonja Mandlik

heute von Haselhof nach Selgenstadt nach Waidmannsberg nach Haselhof
Dauer: 1 Stunde, 4,8 km, Start am Parkplatz Haselhof, links an der Gemeindehalle vorbei, an den Pferdekoppeln vorbei, hier sind nun die Feuerwehr und
das Bushäuschen.

Über die Hauptstraße gehen, dann nach links laufen.

An der Gewerbehalle rechts vorbei und den Weg runter in Richtung Selgenstadt laufen. Dann nach rechts laufen, immer geradeaus. Hoch zur Weggabe-
lung, allerdings nach links hoch laufen (rechts ist die Töpferei und der Brunnen).

Oben angekommen über die Straße gehen und nach links laufen bis zum
Waldrand. Rechts halten und Richtung Kinderspielplatz laufen.
Von dort geradeaus zum Kindergarten.

Waldtann liegt auf 449 m Höhe und hat derzeit 889 Einwohner (Stand 2020). Waldtann ist der Sitz des Rathauses und der Gemeindeverwaltung von Kreßberg.

Grüße aus Waldtann

Früher als der Ort im Tannenwald benannt, wurde auch einfach Tanne oder „Siedlung im Tann" vom Heimatdichter Friedrich Hippelein (1900-1971) genannt. Hippelein verfasste nach dem 2. Welt-Krieg ein Gedicht zu Waldtann, das er bei der Heimkehrerfeier 1950 vorgetragen hat. Hier ein Vers daraus:

	„Schneller lenk ich meine Schritte nach den Höhen, nach des Tannenwaldes zaubervollem Wehen, lausche still dem heimelichen Flüstern, merke nichts vom Lärm der Welt und ihren Spuren, blicke von dem Dom, dem Wald dem Düstern, auf so reichgesegnet, üppige Fluren."

Wappen von Waldtann: In Gold auf grünem Dreiberg eine grüne Tanne.

Wichtigste Sehenswürdigkeit ist die evangelische Kirche zum Heiligen Ägidius (1385). Fachwerkaufsätze an Turm und Schiff von 1790. Erhöht im Ort stehende Chorturmkirche mit ortsbildprägendem Turm sowie ummauertem Kirchhof.

Aus dem Kalender 2020 der Kirchengemeinde Marktlustenau-Waldtann, Die Ägidiuslegende

Ägidiuskirche Waldtann

Legende: Rettung einer Hirschkuh vor einer Jagdgesellschaft

Ägidius lebte in völliger Einsamkeit in einem Waldstück nahe der Rhonemündung. Dort fand er eine Höhle und eine Quelle mit frischem Wasser. Einige Jahre lebte er dort im Gebet und ernährte sich von den Kräutern des Waldes. Hin und wieder erschien ihm eine junge Hirschkuh von der er reichlich Milch erhielt.

Eines Tages begab sich eine Jagdgesellschaft des Gotenkönig Flavius in jenes Gebiet, in dem Ägidius verweilte. Die Jäger sahen die junge Hirschkuh und hetzten ihre Hunde auf das stolze Tier. In ihrer Not und Angst lief die Hirschkuh zur Höhle des Ägidius und röhrte aus voller Kehle. Ägidius kam aus der Höhle, sank auf die Knie nieder und legte einen Arm um die Hirschkuh. Schnell beruhigte sich diese. Die Hunde ließen von ihr ab und die einbrechende Nacht zwang die Jäger zur Heimkehr.

Am darauf folgenden Tag gingen sie wieder zur Jagd, doch es begab sich dasselbe. Ägidius legte erneut seinen Arm um sie und die Hunde kehrten um.

Als dem König berichtet wurde, in seinem Wald würde es nicht mit rechten Dingen zugehen, begab er sich mit den anderen Jägern erneut in den Wald. Und wie bereits an den Tagen zuvor wurden Hunde auf die Hirschkuh gehetzt. Diese lief wieder in großer Not zur Höhle des Ägidius. Und wieder wichen die Hunde. Diesmal jedoch umringten die Jäger den Ort und schlugen sich durch dichtes Gestrüpp. Um das Tier aus seinem Versteck zu locken, schoss ein Jäger einen Pfeil ab. Dieser traf jedoch nicht die Hirschkuh, sondern den betenden Ägidius.

Als die Jagdgesellschaft den Eingang der Höhle erreichte sahen sie den Heiligen im Mönchsgewand, schwer verwundet. Die Hirschkuh lag Ägidius noch immer zu Füßen.

Der König ging zu dem verwundeten Ägidius und fragte ihn, wie es denn zu der Verletzung gekommen sei. Ägidius nannte seinen Namen und den Grund seiner Wunde.

Da sank er zu ihm hernieder und bat um Vergebung. Er versprach ihm alle nötige Arznei, die der Heilige jedoch ablehnte. Ägidius betete für sie und sprach sie von aller Schuld frei. Beeindruckt von Ägidius verabschiedeten sie sich und machten sich auf den Heimweg.

Die Bäume und die Sedaneiche von Waldtann

Die **Schlacht von Sedan** fand am 1. und 2. September 1870 im Deutsch-Französischen Krieg in Sedan, einer Stadt im Département Ardennes in der heutigen Region Grand Est, statt. Die Stadt liegt in der Nähe der belgischen Grenze am Ufer der Maas. Der deutsche Sieg war vorentscheidend für den Ausgang des Krieges. Auf französischer Seite hatte die Kapitulation der französischen Truppen und die Gefangennahme des Kaisers NapoléonIII. die Ausrufung der Dritten Republik zur Folge.

In Deutschland erinnern Namen von Plätzen und Straßen an die Schlacht von Sedan. Die damals in großer Zahl gepflanzten Sedaneichen sind in einigen deut-schen Städten bis heute erhalten, etwa in Heilbronn oder Halle wohingegen die Mehrzahl in Vergessenheit geriet oder nicht mehr existiert.

In den kleinsten Dörfern Deutschlands wurde die Erinnerungskultur gepflegt. In der Dorfchronik von 1986 „Unser Waldtann" beschreibt Pfarrer Alfred Brenner: „Ein mächtiger Baum, der dem von Crailsheim kommenden Besucher auffällt, ist die sogenannte Sedaneiche, rechts der Straße. Jetzt ist dort eine neue Siedlung gebaut worden."

1870 hatte der Waldtanner Lehrer Christian Gussmann ein etwa sechsjähriges Bäumchen in den Wiesengrund vor Waldtann gepflanzt. Am Gang auf der Anderen Seite der Fahrstraße befindet sich ein 1880 schöner Eichenhain. Dieser hat ausgedehnte knorrige Eichen, meist Stileichen und auch Traubeneichen. Am Ende findet sich eine Lindengruppe.

Der Hain, der vom Schultheiß Paulus Busch angelegt wurde, diente der Schweine-fütterung. Bis zum Ende der siebziger Jahre weideten hier Schafherden.

Neben dem Eichenhain liegt seit 1858 der Friedhof. In der Mitte wächst seit 1843 eine Winterlinde als Friedhofslinde.

In der Ortsmitte in Richtung Bergbronn steht die große Dorflinde. Gegenüber steht das im 16. Jahrhundert gebaute Gasthaus „zum grünen Baum". Hier stand wohl die Linde Namenpatin. Diese Linde ist nun schon ober 400 Jahre alt und Ihre Wurzeln reichen zum Brühlbach.

Frei stehende Linden können bis zu 1.000 Jahre alt werden. Unter Ihr wurde einst Gericht gesprochen. Die Äste reichten bis zum Boden herunter und die Kinder konnten hier schaukeln. An Kirchweih und Dorffesten wurde hier gefeiert.

Unter der Linde stand bis 1950 ein eicherner Brunnentrog, aus dem aus hölzernen Rohren frisches Quellwasser floss. Von der Linde sind es nur wenige Schritte zum baumbewachsenen Kirchplatz. Am kleinen Törle stand bis 1939 die Gußmannlinde, die einem Sturm zum Opfer fiel.

Am Eingangstor des alten Friedhofes stand eine mächtige Kastanie mit über 3 Meter Umfang. Der über 100 Jahre alte Baum stürzte nach einer stürmischen Regennacht in sich zusammen. Auf dem Kirchplatz, an der Treppe der Männerempore, steht eine von Pfarrer Breuninger gepflanzte Tanne, der von 1909 bis 1926 in Waldtann tätig war.

Bemerkenswert ist auch die knorrige Traueresche am Osttor. Die Haßelnusssträucher an der Westseite des Friedhofes wurden für die Bienen angelegt.

Kastanien am Friedhof

Vor dem Friedhof steht eine Friedenseiche, sie wurde 1871 an den Frieden nach dem deutsch-französischen Krieg gepflant und auch für den im Krieg gefallenen Waldtanner Adam Beck.

Vor dem Pfarrhaus an der Abzweigung Tempelhof stehen die Winterlinde und die Dreikaiserlinde zur Erinnerung an das Jahr 1888, in dem nacheinander 3 deutsche Kaiser in der Regierung waren.

An den Brunnen spielte sich ein großer Teil des Dorflebens ab. Man traf sich, die Kinder spielten hier. Das Vieh wurde getränkt und man hielt ein kleines Gepräch. Oft wurden hier die schmutzigen Schuhe von der Feldarbeit gereinigt.

Weitere Brunnen waren „in den Höf" und beim Hansenbauer. Der Dorfbrunnen war aber der unter der großen Linde. 1950 wurden die Brunnen mit dem Bau der Wasserleitungen entfernt worden. Nur in Rötsweiler befindet sich noch ein intakter Brunnen.

Nach einem Gespräch von Pfarrer Brenner und Frau Hofmann, geb. Spahmann. (Dorfchronik von 1986 „Unser Waldtann"). Nach der Oberamtsbeschreibung Crailsheim von 1884 besaß Waldtann 33 Brunnen.

Brunnen Friedhof Waldtann

Richtfest 03.07.1992, Fotos Gemeinde

Das Rathaus 2025, Fotos Gemeinde

Das neue Ärztehaus in Waldtann

Das neue Ärztehaus des Medicum (MVZ) Altenmünster in Waldtann mit Pflegedienst Diakonie Daheim, VR Bank und Bäckerei Glück.

Das Medicum (MVZ) Altenmünster hat folgende Sprechzeiten.

Montag – Donnerstag   08:00 - 13:00 Uhr

Montag, Dienstag, Donnerstag 15:00 - 18.00 Uhr

und nach Vereinbarung
Untere Hirtenstraße 36
74594 Kreßberg – Waldtann
Tel.: 07957 – 92 69 40
Fax: 07957 – 92 69 429

Notfall-Nummer: 07951 – 2 80 46
E-Mail: info@medicum-mvz.com

Beschreibung des Oberamts Crailsheim 1884

Der Ort, an ein Schwarzwalddorf erinnernd, liegt freundlich in einem wiesengrünen, von Bächen durchströmten Thal, eingerahmt von waldreichen
Bergzügen. Durch den Ort fließt der Brühlbach, der bei Halden in den von
Südwesten kommenden Rothbach fällt, unterhalb Halden den von Marienkappel kommenden Mühlbach und den Schwarzenbach aufnimmt und dann
vereinigt mit dem Kesselbach oder Schönbach als Zwerchwörnitz der Wörnitz
zugeht.
Die zwischen Wiesen und Gärten zerstreuten saubern Häuser bilden zwei
senkrecht aufeinander stoßende Gassen, die Hirtengasse und die Kirchgasse.
Die regelmäßige Anlage verdankt der Ort wohl dem Neubau nach dem Brand.
Mitten im Ort steht eine schöne, hohe Linde.
Auf einer kleinen Anhöhe im südlichen Theil des Dorfes liegt die Kirche zum
heil. Ägidius, umgeben vom alten Gottesacker. Der Chor in dem geosteten,
massigen, niedrigen Thurm hat ein gothisches Kreuzgewölbe, dessen Schluß-
stein einen Stern zeigt.

Am Ende einer Gurte ist eine Fratze erhalten. Auf dem Altar ein Altarbild,
oben das Auge Gottes, in der Mitte der Crucifixus, umgeben von den Marien,
flankirt von reben-umrankten Säulen, zu beiden Seiten Moses und Paulus,
unten das Abendmahl. Das Schiff ist durch 2 Emporen über einander etwas
gedrückt, und hat 2 Stockwerke, das obere aus neuerer Zeit. 1725 hatte die
Kirche noch 3 Altäre.

Neben der Kanzel steht das hölzerne Bild eines Mönchs mit ausdrucks-vollem
Gesicht, nach der Tradition der heil. Ägidius, und an der Seitenwand daneben
das gut erhaltene steinerne Grabdenkmal Marx von Berlin, einen Ritter in
voller Gestalt darstellend, mit der Inschrift: Anno dni 1575 am Tag Cathedra

Petri starb der Edel vnd vest Marcvs Berlin zu Wellershub, dem God gnade. Amen. Esa LIII. Fvrwar er truge vnser Krankheit vnd lvd avf sich vnser Schmerzen. Auf der Südwand des Schiffes steht ein älteres steinernes Denkmal, dessen Inschrift theilweise durch den Empore verdeckt ist. Es ist ein ritterlicher Mann in voller Rüstung mit der Inschrift: ist verschieden hans hubber dem god genedich sey an vnser frawen tag bursw(eihe). Wahrscheinlich ist es Hans Hofer, der nach der Ortssage in Rötsweiler gesessen sein soll.

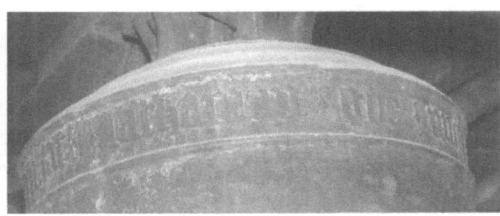

Auf dem Thurme hängen drei Glocken, die größere hat die Inschrift: ihesus nacerenus rex ivdeorum bernhart lachaman gos mich 1514. Die kleinere hat dieselbe Inschrift und die Jahreszahl 1482. Nach der Sage hat ein im Wald verirrtes Fräulein die eine Glocke gestiftet. Die mittlere Glocke ist nach einer langathmigen Inschrift von dem Pfarrer Hagen 1784 gestiftet und von Joh. Ernst Lösch in Crailsheim gegossen.

Gott zu Ehren, der hiesigen Kirche zur Zierde und zu einem bleibenden Angedenken der Liebe und Ergebenheit gegen seine gesammte wertheste Pfarrgemeinde stiftete diese Glocke Konr. Joh. Christoph Hagen, hochf. brandenb. onolzb. Pfarrer allhier zu Waldthann, eines ehrw. Kapituls zu Crailsheim erster Senior und gewesener Dekanatsverweser, und dessen lieb gewesene selige Ehegattin Anna Friedrike Hagen, geb. Fischerin, im Jahr anno 1784 den 1. Okt. Meine Freunde, wann ihr höret die Senior Friederico Christian und Karolinenglocken, so lasset euch damit zum Beten locken.

Grabdenkmal für Marcus Berlin (1575)

211

Dieses waren die Gedanken und eigener Reime der seligen Frau Seniorin, welche sie noch bei Lebzeiten auf diese Glocken einzuprägen verlanget hat. Aus dem Feuer floß ich: Joh. Ernst Lösch zu Crailsheim gos mich 1784. Auf dem Gottesacker steht noch das Grabdenkmal der Familie des Pfarrers Hagen und ein alter Grabstein mit zwei kleinen Kindern (Inschrift verwittert). Der Gottesacker ist seit 1858 an der Straße nach Goldbach angelegt. Das Pfarrhaus, früher nahe der Kirche (das Haus des A. Vogel), brannte 1634 ab, wurde 1841 neben der Kirche neugebaut, während in der Zwischenzeit ein Bauernhaus, das 1665 umgebaut wurde, als Pfarrwohnung diente.

Es liegt freundlich im Garten und ist wie die Kirche von der Stiftung zu unterhalten. Das Schulhaus hinter der Kirche, 1728 erbaut, während bisher die Schule von dem Lehrer in seiner Privatwohnung gehalten wurde, enthält ein Lehrzimmer und die Lehrerwohnung.

Das Rathhaus wurde 1872 von der Gemeinde angekauft und für die Zwecke der Gemeinde eingerichtet. Es steht mitten im Dorf, abseits der Straße bei der großen Linde. In Waldthann und den größeren Parzellen bestehen zusammen 4 Armenhäuser. An einem Bauernhause steht die sinnige Inschrift: So viel tropfen in dem regen, so viel güd und so viel segen, so viel heil und wohlergehen sol auf diesem hause stehen. J. G. S. M. A. K. S. M. 1782.

Bei dem Quellenreichthum der Gegend (Brunnenhäusle, Hirtenbronnen, Steinbronnen, Hansenbauerbronnen) ist vortreffliches Trinkwasser reichlich vorhanden, das durch 33 Brunnen in Waldthann und 23 in den Parzellen (9 laufende, 45 Pump- und 2 Schöpfbr.) gespendet wird.

Auch eine Wette ist angelegt. Weiher, die abgelassen werden können, bestehen in Waldthann der untere Weiher, in Asbach der große Mühlenweiher, andere sind in ziemlicher Anzahl trocken gelegt. Anmerkung: Eine Wette ist ein regionaler Ausdruck für Pferdeschwemme, Löschwasserteich, Trinkwasser speichernder Teich.

Die Staatsstraße Crailsheim–Dinkelsbühl berührt die Parzellen Neuhaus und Bergbronn, Vicinalstraßen von Goldbach nach Marktlustenau und von Wüstenau nach Bergbronn führen durch die Markung. Im Gemeindebezirk sind 5 steinerne Brücken, 5 steinerne und 3 hölzerne Stege von der Realgemeinde zu unterhalten.

Die Vermögensverhältnisse sind im allgemeinen gut, besonders herrscht in den kleineren Parzellen Wohlstand. Der größte Grundbesitz ist 25 ha, der mittlere 10 ha, der geringere 1,5 ha, der Güterbesitz auf fremden Markungen ist gering.

Die Gewerbe sind ziemlich alle vertreten. Bedeutend ist der Holzhandel. Haupterwerbszweig ist jedoch Ackerbau und Viehzucht. Eine Mühle ist in Asbach mit 2 Mahlgängen und einem Gerbgang. Dem Verkehr dienen im Hauptort eine Brauerei, zwei Speisewirthschaften, 2 Krämer, in den Parzellen eine Brauerei, 2 Schildwirthschaften und ein Laden (in Bergbronn). Die große von Nord nach Süden sich zuspitzende Markung liegt im Gebiet des Keupers. Das Thal hat Thonboden, die Höhen vorherrschend Sandboden. Er ist nirgends tiefgründig, großentheils naßkalt, theils schwer theils leicht, im allgemeinen mittelergiebig.

Weißer grobkörniger Keupersandstein wird als Baustein an drei Orten bei Waldthann gebrochen und vielfach nach auswärts als Baustein abgesetzt. Stubensandstein findet sich auf den Höhen. Lehm-, Sand- und Kiesgruben sind vorhanden. Die Landwirthschaft leidet unter der großen Parzellirung. Die vorherrschenden Früchte sind Dinkel, Roggen, Haber, die besonders gut gedeihen.

Gerste wird wenig gebaut. Der Wiesenbau ist ausgedehnt und gibt mittelgutes Futter. Die Wiesen sind fast durchaus 2-, wenige 3mähdig.

Das Klima ist ziemlich rauh, schädliche Fröste kommen vor. Hagelschlag ist selten, die Gewitter ziehen meistens den bewaldeten Höhen entlang. Verderblicher Hagelschlag am 8. Juli 1847, daher am 8. Juli Hagelfeiertag. Am 8. Juli 1876 schlug der Blitz während des Nachmittagsgottesdienstes im Pfarrhaus ein.

Hochwasser 8. Juli 1847 1,15 m; 2. Juli 1869 1,5 m; 4. Juli 1875 95 cm; Wolkenbruch und theilweiser Hagel. Auf die Obstzucht wird seit einigen Jahren mehr Fleiß verwendet. Eine Baumschule besitzt die Stiftung. Ein Baumwart ist aufgestellt.

In der Gesammtgemeinde sind 700 Morgen vorherrschend Nadelwald, etwas gemischte Waldung, Laubwald keiner, der Morgen liefert 4 Rm. und 30 Wellen.

Der Ertrag gehört der Realgemeinde und den einzelnen Besitzern. Die ausgedehnte Weide, die neben der Brach- und Stoppelweide, mit einheimischen Schafen befahren wird, gehört der Realgemeinde und ist mittelgut.

Die Pferchnutzung trägt 600 M. Die Allmanden sind längst an die Bürger vertheilt. Die Güter der Realgemeinde sind zum kleineren Theil verpachtet, größtentheils dem Farrenhalter überlassen.

Die unbedeutende Pferdezucht ist im Abnehmen, dagegen die Rindviehzucht sehr gehoben. Schafe von der Bastardrasse halten die Realgemeinderechtsbesitzer im Sommer 350, im Winter 200. Das Fischrecht im Waldthanner Weiher gehört der Realgemeinde Waldthann, ein Mühlenweiher dem Müller in Asbach.

Stiftungen sind vorhanden: 1. die Kirchenstiftung mit 3000 M. 2. die Stiftung des Pfarrers Hagen, † 1789, mit 500 fl. für die Ortsarmen. Derselbe stiftete 1000 fl. an die Ansbacher Pfarrwitwenkasse, 1000 fl. dem Ansbacher Waisenhaus, 1000 fl. zu einem Stipendium in Erlangen. 3. einige kleinere Armen- und Schulstiftungen.

1383 wird Waldtann erstmals urkundlich als „Zu Tanne" erwähnt, als Conz Mülich, Schultheiß in Crailsheim, Güter zur „Tanne" an Ulrich von Hohenlohe verkaufte. In einer weiteren Nennung wird Waldtann 1409 dann bereits mit seinem heutigen Ortsnamen bezeichnet.

Der Name des Ortes lässt darauf schließen, dass der Mittelpunkt des Ortes eine Rodung innerhalb eines Nadel- bzw. Tannenwaldes war. Ursprünglich befand sich die Siedlung vermutlich im Besitz der Herrschaft Lohr, später erlangte das Haus Hohenlohe die Eigentumsrechte über den Ort. Ab dem Jahr 1399 gehörte die Ortschaft dann zum Gebiet der Burggrafschaft Nürnberg bzw. deren Nachfolgeterritorium, dem hohenzollernschen Fürstentum Brandenburg-Ansbach.

Vom 14. Jahrhundert an begannen die Dinkelsbühler Familien Berlin, Hofer, Theurer und Schwertfürb, das Spital der Reichsstadt Dinkelsbühl sowie die adeligen Geschlechter der von Crailsheim, von Ellrichshausen, von Helmstadt und von Knöringen damit, Besitzrechte im Ort zu erwerben. 1571 zerstörte ein Feuer elf Wohn- und 15 Nebengebäude in der östlichen Hirtengasse, nach der Schlacht von Nördlingen 1634 setzten dann kaiserliche Truppen den Großteil des Dorfs in Brand. Zudem führten Hochwasser des Brühlbachs immer wieder zu Überschwem-mungen. Auf der Gemarkung des Teilorts Waldtann liegen eine ganze Reihe von Weilern und Einzelhöfen.

Im 18. Jahrhundert hatte dann Brandenburg-Ansbach den größten Teil der Besitzungen in Waldtann, gefolgt von der Reichsstadt Dinkelsbühl und der dortigen Deutschordenskommende. 1806 kam der Ort an Bayern, 1810 an Württemberg, wo er bis 1938 zum Oberamt Crailsheim, dann bis 1972 zum Landkreis Crailsheim gehörte.

Der Ort entstand wie die umliegenden Siedlungen in der jüngeren Ausbauzeit, in einer Lage abseits der größeren Durchgangsstraßen der Region. Der Name spielt auf die bewaldeten Höhen der Ellwanger Berge an, auf denen die Sied-lung gegründet wurde. Vermutlich bei der Ägidiuskirche südlich des Brühl-bachs und beim Kreuzungspunkt nördlich davon lagen die beiden Siedlungs-kerne, von denen aus sich das Dorf entlang der Hirtengasse vor allem nach Osten, und entlang der Kirchgasse nach Süden ausdehnte. In seiner Entwick-lung stand Waldtann im Schatten des nahe gelegenen Marktlustenau, das wirt-schaftlich und auch kirchenrechtlich lange den kleineren Nachbarort domi-nierte. Der historische Ortskern erstreckt sich entlang der Unteren Hirten-straße und der rechtwinklig abzweigenden Kirchstraße. Hier im südlichen Teil des alten Ortskerns steht auf einer kleinen ummauerten Anhöhe die Kirche St. Ägidius, eine Chorturmanlage mit ehemaligem Kirchhof, die den beherrschenden baulichen Schwerpunkt des Ortes bildet.

Chor der Pfarrkirche mit Hochaltar, (Landesmedienzentrum Baden-Württemberg)

Der Altaraufbau (siehe Bild) wurde um 1700 von einem durchreisenden Schnitzer gestaltet. (https://www.marktlustenau-waldtann-evangelisch.de/kirchengemeinde-waldtann/die-aegidiuskirche).

Evangelisches Pfarrhaus von 1841

Das evangelische Pfarrhaus von 1841 mit seiner älteren Pfarrscheuer (heute Gemeindehaus) schließt sich direkt südlich an. Nach Osten ist dem Kirchhof das 1728 erbaute alte Schulgebäude, die spätere Milchverwertungsgenossenschaft, direkt vorgelagert. Kirche, Pfarrhaus und alte Schule bildeten so eine typische historisch-funktionale Einheit im Ortszentrum.

An der Kirchstraße und an der Unteren Hirtenstraße waren die bäuerlichen Gehöfte eher unregelmäßig mit Vor- und Rücksprüngen in der Straßenflucht aufgereiht, wobei die Giebelständigkeit zwar vorherrschte, aber auch zahlreiche traufständige Gebäude die Straße prägten. Die Scheunen standen zum größeren Teil als Hofabschluss traufständig im Rückbereich und bildeten in vielen Abschnitten – vor allem zum Tal hin – den historischen Ortsrand.

Lagerkeller Untere Hirtenstrasse und Streuobstwiese

Durch die fast ausschließliche Lage der alten Gehöfte an den beiden Hauptstraßen des Ortes nahm Waldtann in T-förmigem Grundriss einen straßendorfähnlichen Charakter an. Dieser lang gestreckte Ortsgrundriss ist – im Vergleich etwa zu Haufendörfern der Altsiedellandschaften – ein zusätzlicher Hinweis auf die relativ späte Ortsgründung Waldtanns im Mittelalter.

Die alte Ortsstruktur ist bis heute erhalten geblieben. Jüngere Neubaugebiete im Norden und Südwesten des Ortes haben die Siedlung zwar erweitert, gliedern sich aber relativ stark vom alten Ortskern ab.

Streuobstwiese gegenüber dem Friedhof

Gut erhaltene Abschnitte dieses durch Streuobstwiesen oder Hausgärten charakterisierten Ortsrandes sind im eigentlichen Talgrund, an der nordwestlichen Unteren Hirtenstraße bei den Lagerkellern sowie hinter der Kirche mit ihrem Kirchhof noch gut überliefert.

Auflockernd im Ort stellen sich die zahlreichen kleinen Haus- und Vorgärten dar, die teilweise noch von älteren Holz- oder Eisenzäunen eingefasst sind.

Alter Grenzstein

Während der Grundriss des Ortes also trotz manchem modernem Eingriff noch gut überliefert ist, ist der historische Hausbestand nicht mehr in ungestörter Dichte vorhanden. Locker über den gesamten Ortskern verteilt finden sich aber noch einige Gebäude des 18. und 19. Jahrhunderts, die teils recht unverändert teils schon überformt und umgebaut sind.

Dazwischen stehen zahlreiche Neubauten, die in der Nachkriegszeit noch traditionelle Bauformen und –materialien wie Fachwerk aufgreifen. Die historische Strukturierung durch kleine landwirtschaftliche Betriebe, einige Handwerker mit Landwirtschaft und Gewerbetreibende ist vor allem durch die zahlreichen Ökonomiegebäude noch ablesbar.

Oft stehen noch die älteren Fachwerk- oder Massivscheunen bzw. kleine Holzschuppen, während die Wohnhäuser der Gehöfte durch Neubauten ersetzt sind.

Alte Schule, Haus von 1782 altes Haus, um 1750
Text/ Fotos: https://www.denkmalpflege-bw.de/

Auffallend in Waldtann ist die weitgehend ungestörte Dachlandschaft. Insgesamt weist der Ort somit einen gut erlebbaren historischen Ortsgrundriss auf, der an einigen Stellen von der erhaltenen historischen Bausubstanz akzentuiert wird. ev. Pfarrhaus von 1841   Wohnstallhaus von 1795

Schweine im Eichenwald und Schweinemarkt

Um magere Hänge für die Schweinemast nutzbar zu machen, legte man früher da und dort Eichenpflanzungen an. Die Waldweide war die wichtigste Schweinehaltungsform seit der Domestikation des Schweines und hatte etwa 10.000 Jahre Bestand. Eichenwälder und z. T. auch Buchenwälder waren die wichtigste Grundlage für die Schweinehaltung.

Eichenwald oberhalb des Friedhofs Waldtann
Fotos: www.leo-bw.de und Fotos: Stadtarchiv Crailsheim

220

1979 Schweinemarkt auf dem Volksfestplatz
Weihnachtsferkelmarkt auf dem Schweinemarktplatz Crailsheim ca. 1930

Waldtann - Kreßberger Geschichten

Freitags war Schweinemarkt in Crailsheim. So gingen gewöhnlich auch einige Waldtanner dahin, um Ihre Schweine zu verkaufen.

Einmal war ein Knecht mit 6 Ferkeln dabei. Ein Händler besah sich die Ferkel und sagte: „So rußige Ferkel, die kannst wieder mitnehmen!" Der Knecht daraufhin: „Du, die sind allemal scheener als du!" Nach langem hin und her kamen sie dann doch ins Geschäft und verabredete sich zum Bezahlen in das Gasthaus Kanne. Im Wirtshaus hatte der Händler den verabredeten Preis vergessen. Was für ein Pech. Der Knecht legte also auf den Preis nochmal 5 DM drauf. Uns so bezahlte der Händler weitaus mehr für die rußigen Ferkel.

Aus dem Kirchenkalender Marktlustenau-Waldtann
Ein besonderes Ereignis war die jährliche Schafschur im Mai. Bevor die Schafe
aber überhaupt geschoren wurden, mussten sie am oberen Weiher gewaschen
werden. Damit sie nicht wegschwimmen konnten, dienten Pflöcke im Weiher
als Abgren-zung. Zwei Männer mussten dann in den Weiher steigen; einer hob
das Schaf fest, der andere putzte das Schaf mit einer „Krugge". Und wehe es
fing an zu gewittern – was im Mai nicht ungewöhnlich war. Nachdem die
Schafe sauber und trocken waren, wurden sie in den ersten Jahren von Hand,
später maschinell geschoren. Bis alle fertig waren, dauerte es mehrere Tage.
Die Scherer kamen aus der näheren Umgebung, manche aber auch von weiter
weg.

Damals hieß es: „8 Tage vor der Schur ist der Schäfer „narred", 8 Tage nach
der Schur sind die Schafe „narred"!" Die Wolle wurde dann in verschiedene
Säcke sortiert, je nach Wertigkeit und mit dem Zug nach Ulm gebracht, wo sie
verkauft wurde. Übrigens: ein Schäfer hatte früher nicht nur eigene Schafe zu
hüten, sondern jeder Bauer hatte ein paar Tiere, die er mit hütete. Diese wurden „Bauernschafe" genannt.

 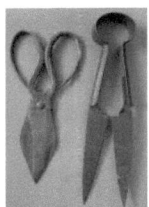 

Das Waldtanner Drais-Holzfahrrad

Foto: Laufmaschine von Carl von Drais, 1820. Nachbau von 1986.
https://www.leo-bw.de

Der Waldtanner Landwirt Georg Beyerlein ließ seinem Sohn Friedrich Beyerlein (Studienrat in Esslingen) ein Drais-Holzfahrrad anfertigen. Dies Fahrrad steht jetzt im Heimatmuseum. Das Fahrrad könnte so ausgesehen haben.

Leonhard Früh war Wagner in Waldtann (1858-1932). Seine Tochter verheiratete sich mit Wagnermeister Karl Lochner (1870-1957). Aus dessen Werkstatt stammte das Waldtanner Holzfahrrad.

Das Fahrrad hatte Friedrich im letzten Ausbildungslehrjahr zum Abschluss seiner Ausbildung im Lehrerseminar in Tempelhof 1883/84 bekommen.

Die Wagner (Beruf) in Waldtann

Unentbehrlich waren die Wagner auf den Dörfern, die auch in Waldtann und Bergbronn vertreten waren.

Die Stellmacherei (auch Wagnerei) ist die Werkstatt eines Stellmacher genannten Handwerkers, der Räder, Wagen und andere landwirtschaftliche Geräte aus Holz herstellt. Die Bezeichnung des Berufs ist regional unterschiedlich, wobei Stellmacher eher im Norden verwendet wird, im Süden und in der Schweiz dagegen Wagner.

Daneben sind auch Benennungen in den Mundarten zu finden, die auf Radmacher (niederdeutsch: Radmaker), Rädermacher, Achsenmacher oder Axmacher zurückgehen.

Dabei handelte es sich ursprünglich um unterschiedliche Berufe; so fertigte der Stellmacher das Gestell an, der Radmacher die Räder. Heute bezeichnen sie alle jedoch vorwiegend dieselbe Tätigkeit. Beim Kutschenbau war der Wagner für die Karosserie zuständig, der Radmacher dagegen fertigte die Räder, deren Herstellung allein vergleichbaren Aufwand und Fachwissen benötigte, wie die der Karosserien.

Jubiläumslaufrad in 2023, Herbert Holl, Oberbürgermeister
Dr. Christoph Grimmer und Erbauer Wolfgang Frank

Das Laufrad-Rennen - Crailsheim

Text nach Herbert Holl, Fotos Herbert Holl: Das Laufrad-Rennen gibt es in Crailsheim seit 1973. Es war eine Idee der Radsport-abteilung des TSV Crailsheim (konkret: Werner Scheurer), ein solches Rennen zu organisieren. Die Laufräder sind alle Eigenbau.

Die ersten Laufräder wurden von Werner Grübler (Crailsheim) gebaut und dann weiter von Wolfgang Frank (Stimpfach). Die Laufräder kann man deshalb nicht kaufen, weil es alles Einzelanfertigungen sind.

Herbert Holl hat sein erstes Rennen im Jahr 1983 bestritten. Er trainierte damals bereits in der Leichtathletik beim TSV Crailsheim. Seine Sport-Freunde hatten bereits an Rennen teilgenommen und er wollte es auch einmal probieren. Dies war der Einstieg zum Laufrad-Rennen. Bereits bei der ersten Teilnahme belegte er den 3. Platz.

Zwischenzeitlich nehmen jedes Jahr am Rennen zwischen 60 und 80 Fahrer teil. Seit 2012 organisiert Herbert Holl das Laufrad-Rennen federführend.

Auf das Rennen bereitet sich Holl vor, indem er das ganze Jahr Sport macht und ca. 6 Wochen vor dem Rennen speziell auf dem Laufrad trainiert. Holl sagt: „Um in den vorderen Rängen mitzufahren, muss man sehr fit sein. Bei mir ist diese Zeit vorbei, obwohl ich dreimal das Rennen gewinnen konnte. Das Rad und der Bewegungsablauf ist gewöhnungsbedürftig und nicht jeder schafft es, mit dem Laufrad schnell zu fahren."

Es sind nicht immer die gleichen Teilnehmer aus Kreßberg. Eine Liste aus 2018 weist z. B. folgende Teilnehmer aus: Jochen Karcher, Kevin Flechsler, Bernd Feurer, Dorian Mehrländer, Markus Feuchter, Richard Stribik, Manuel Flechsler, In früheren Jahre haben auch teilgenommen: Doris Karcher, Sabine Feuchter

Das traditionelle Drais-Rennen zum Crailsheimer Volksfest jährte sich im Jahr 2023 bereits zum 50. Mal, mit Zwangspausen wegen der Corona-Pandemie. Mindestens 60, teilweise deutlich über 70 Teilnehmende sind jährlich dabei und steigen auf hölzerne Laufräder.

2024 haben gewonnen: Lara Keller (3. Platz), Marie Koch (1.), Sandra Rollbühler (2.), Lukas Popp (3.), Julian Ferchow (1.) und Lars Wenzelburger (2.)

Vor dem Crailsheimer Volksfest wird jedes Jahr ein Radrennen durch die Stadt mit Drais-Fahrrädern durchgeführt.

Fotos von Richard Stribik privat. Der Marktlustenauer Richard Stribik hat mehrere Male Kreßberg vertreten.

Siegerehrung 2018, Foto Herbert Holl

Siegerehrung 2024, Foto Herbert Holl

Siegerehrung ca. 1977, Foto Herbert Holl

Laufrad neu, Foto Herbert Holl Laufrad alt, Foto Herbert Holl

In der Bahnhofstr. ca. 1980, Foto Andreas Strese, Crailsheim

Fotos: Stadtarchiv Crailsheim anlässlich 180 Jahre Volksfest

Am 24.09.1841 wird das „vaterländisches Doppelfest" mit Glockenläuten und Böllerschüssen eröffnet. Eine „Procession" führte die Festgesellschaft zum Gottesdienst. Seit 1901 trägt es den Namen fränkisches Volkfest. 1913 landet ein Luftschiff in Crailsheim.1925 ist die Attraktion eine Wasserrutsche und der Ballonaufstieg der Elvira Wilson.

Die Aufgabe des Nachtwächters war es, nachts durch die Straßen und Gassen des Ortes zu gehen und für Ruhe und Ordnung zu sorgen. Er warnte die schlafenden Bürger vor Feuern, Feinden und Dieben.

Er überwachte das ordnungsgemäße Verschließen der Haustüren und Stadttore. Häufig gehörte es auch zu den Aufgaben des Nachtwächters, die Stunden anzusagen – weniger als Auskunft als mehr zur Anzeige, dass er seinem Dienst ordnungsgemäß nachging. Diese Ansage konnte auch in der Form eines Nachtwächterliedes geschehen.

Der Nachtwächter hatte das Recht, verdächtige Personen, die nachts unterwegs waren, anzuhalten, zu befragen und notfalls festzunehmen. In Waldtann gehörte er zu den Gemeindebediensteten.

Kunstpostkarte, Bild von Carl Spitzweg, (deutsch, 1808 - 1885)
Titel: Der Nachtwächter , um 1870
Zur typischen Ausrüstung eines Nachtwächters gehörten eine Hellebarde oder eine ähnliche Stangenwaffe, eine Laterne und ein Horn. Der Nachtwächter gehörte, obwohl er eine wichtige Tätigkeit ausführte, wie zum Beispiel der Abdecker oder der Henker, meist zu den unehrlichen Berufen und lebte daher in sehr bescheidenen Verhältnissen. In Waldtann sind nach Überlieferung vom Waldtanner Friedrich Moser und der alten Frau Spahmann zwei Nachtwächter mit Namen bekannt.
Konrad Wild, auch der alte Bastel, (1830-1910) war in Waldtann Weber und über 30 Jahre auch im Nachtwächterdienst tätig. Mehrmals zog er mit einem Horn durchs Dorf. Zwischendurch ruhte er sich in einer Scheune aus.

Um 23.00 Uhr begann er seinen Dienst, blies ins Horn und sang:

„Hört Ihr Herrn und lasst euch sagen...
unsere Glocke hat 11 geschlagen.
Um 11 sprach der Herr das Wort,
jetzt gehen wir zu dem Ölberg fort."
Um 24.00 Uhr blies er ins Horn und sang:
„12 Apostel zeigen an,
wie man selig werden kann."

Tagsüber war Bastel oft als Flurer (Bewacher und Schutz der Felder, Flure und Obstbäume) tätig. Frau Lochner erzählte folgende Geschichte: Bastel hatte ein scharfes Auge und einen flinken Fuß. Er rannte dem Obstdieb einfach hinterher.

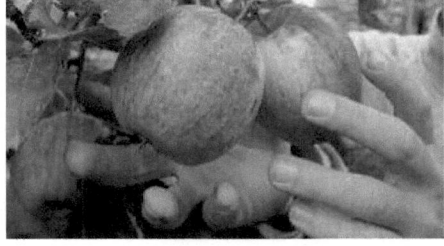

Mit seinem schrecklichen Ruf: „ich reiß dir gleich die Gurgel raus" vereitelte er so manchen Raub. Aber eigentlich war der Bastel ein herzensguter Mensch. Der Nachtwächter Konrad Will war der erste Waldtanner, der eine Rente erhielt. Der letzte Nachtwächter war Fritz Büttner. Er war bis bis 1918 im Dienst. Oftmals musste er Handwerksburschen vertreiben, die den Ort unsicher machten
(Geschichten aus der Chronik von Pfarrer Alfred Brenner, 1986)

231

Bücherei Waldtann 1936 und Bücherei Waldtann 1946 Bücherverzeichnis

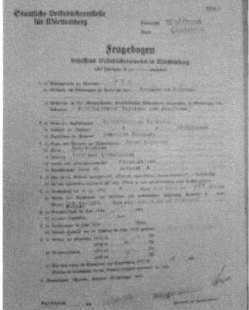 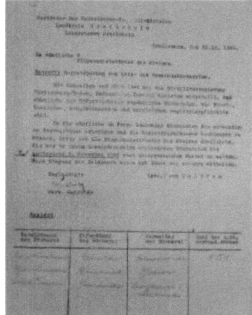

Bau eines Rathauses in Waldtann 1922

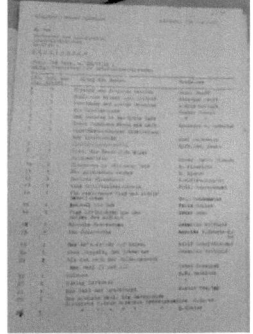 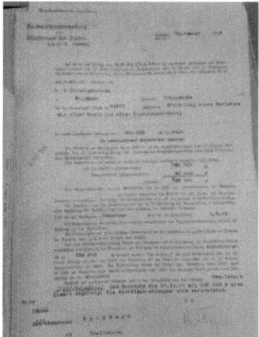

Foto aus Privatbesitz

Marcel Kiefer ist der Neue Wanderschäfer

Marcel Kiefer ist seit 2019 der neue Schäfer in Kreßberg, Stimpfach und Crailsheim. Er trat damit die Nachfolge von Walter Fenn an, der über 35 Jahre lang
über die Flächen von Kreßberg, Stimpfach und Crailsheim zog.

Schafe werden zumeist in Herden gehalten, die ein Hirte mit der Hilfe von
Schäfer- oder Hütehunden behütet. Typisch ist dabei, dass der Schäfer seine
Herde durch offenes, allgemein zugängliches Land führt (Wanderschäfer),
während anderes Vieh in der Regel im Stall steht oder auf der Weide, die dem
Bauern gehört. Hierbei unterscheidet man zwischen Hüte- und Koppelschaf-
haltung.

Der Beruf des Schäfers beschränkt sich nicht nur darauf, Produzent von Schaf-
fleisch und Schafswolle zu sein. Ein Schäfer ist auch Landschaftspfleger, denn
die Landschaften, die nicht durch Schafe beweidet werden, würden sonst
innerhalb kurzer Zeit mit Bäumen und Sträuchern zuwachsen. Für die Tätigkeit als Landschaftspfleger stellt die Europäische Union Mittel zur Verfügung.

Die Aufgabe des Schäfers ist insbesondere, Futterplätze zu finden, die Herde
zusammenzuhalten und vor Gefahren zu schützen. Ein traditionelles Werk-
zeug ist die Schäferschippe.

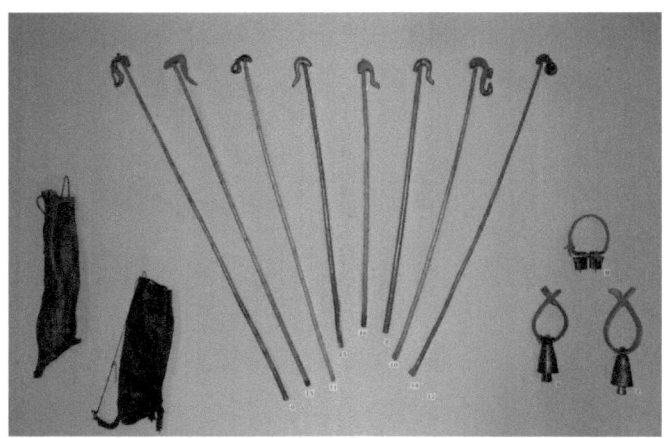

Historische Schäferschippen

altdeutscher Hütehund, Schafspudel

Der Schafpudel ist ein Arbeitshund, zu dessen Aufgaben die zum Teil völlig
selbständige, im Grunde ganztägige, Arbeit an der Herde gehört. Er ist ein
intelligenter, temperamentvoller, aktiver, ausdauernder und lernwilliger
Hund, der ausgeprägtes Hüteverhalten zeigt. Auf diese Eigenschaften wurde
er jahrhundertelang selektiert.

Foto: Lonja Mandlik, Erklärung: wikipedia
Drehfunkfeuer (engl. VOR, die Abkürzung VOR steht für VHF Omnidirectional Radio Range) senden in jede Himmelsrichtung ein anderes Signal und werden deshalb auf Landkarten mit einer Kompassrose gekennzeichnet.

Die Auswertung ihrer Signale zeigt dem Navigator an, in welcher Richtung relativ zum Funkfeuer er sich befindet. Die Richtung wird mit dem Begriff Radial bezeichnet. Für die Bestimmung verwendet man eine Sendeanlage, die neben einer drehbaren schmalen Hauptkeule auch einen Rundumstrahler besitzt. Die Sendeanlage übermittelt nun nach jedem Passieren eines bestimmten Nullpunktes der rotierenden Keule einen hörbaren Ton oder ein anderweitig messbares Signal auf dem Rundstrahler. Die auswertende Elektronik im Flugzeug ermittelt nun aus der bekannten Umlaufzeit des Feuers sowie dem zeitlichen Abstand zwischen dem Eintreffen der Hauptkeule am Messempfänger im Flugzeug und dem akustischen Ton, den relativen Winkel zum Funkfeuer.

Zur eigenen Positionsbestimmung kann man ein weiteres Funkfeuer für das Herstellen einer Kreuzpeilung verwenden. Das erste Drehfunkfeuer war der Telefunken-Kompass-Sender (1908). Der Sender begann mit der omnidirektionalen (ungerichteten) Aussendung seiner Kennung. Nach dem Empfang des letzten Buchstabens der Kennung wurde im Empfänger eine spezielle Stoppuhr gestartet und beim Signalmaximum wieder gestoppt. Im Zweiten Weltkrieg wurden stark weiterentwickelte deutsche Anlagen unter der Bezeichnung Bernhard an der gesamten Westfront errichtet. Die ersten VOR-Anlagen moderner Bauart wurden in Deutschland Anfang der 1950er Jahre in Betrieb genommen. Das Grundnetz bestand damals aus acht Stationen.
Laut dem Deutschen Funknavigationsplan des Bundesministeriums für Verkehr, Bau und Stadtentwicklung werden die VOR seit 2005 sukzessiv abgebaut.

manchmal ist dein weg
in den himmel geschrieben
und von milliarden sternen
leuchtet dir einer

manchmal sind es umwege
die dich ans ziel bringen
und wunderbar entkommst du
dem ränkespiel des tyrannen

manchmal verweht der sand die spuren
denen du folgtest
aber ein traum weist dir den weg
zurück in dein land

Klaus Nagorni

Aus dem Kalender 2020 der Kirchengemeinde Marktlustenau-Waldtann

Instandsetzung der Hochwassermarken am Brühlbach in Waldtann,
Mai 2021, Fotos Markus Häffner

Aktiv-Stationen-Weg des GSV Waldtann ab 24.04.2021

Der Weg richtet sich an sportbegeisterte Familien. Der Weg ist ca. 2 km lang und umfasst 10 Sportstationen. Nebenbei kann man die herrliche Natur genießen. Der Weg ist eben und kann somit auch problemlos z. B. mit dem Kinderwagen bewältigt werden.

Foto: GSV Waldtann, Silke Sturm (Turnen) und Markus Häffner (Vorstand)

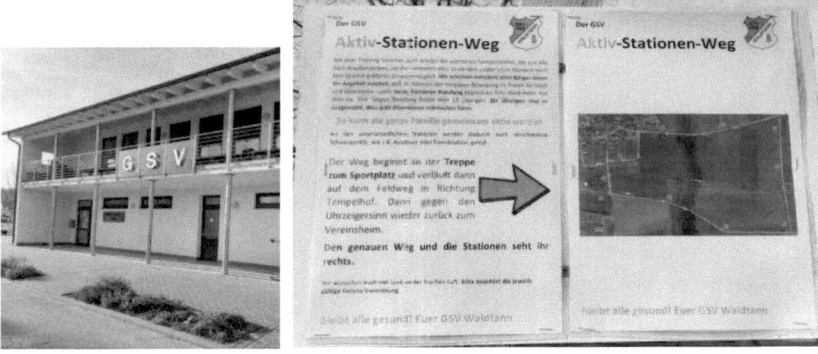

Start: Fritz-Gsell-Heim, Waldtann
Brühlweg 10, 74594 Kreßberg

Aktiv-Stationen-Weg des GSV Waldtann
Folgende Stationen werden angeboten:

Start und Ende	Kraft: Liegestützen gegen den Baum Stütz mit Klatscher gegen den Baum
Ausdauer: Treppen steigen Berg erklimmen	Kraft: Kniebeuge Skifahren
Ausdauer: Jumping Jacks und Hampelmann	Mobilisation: Fußtwist Fußstapfen
Schnelligkeit: Sprint und schnell wie ein Gepard	Kraft: Holzhacker
Mobilisation der Wirbelsäule: Wir- belwind	Gedächtnis: Hase und Jäger Klopfen und Kreisen

die Hälfte ist geschafft, unterwegs gibt's viel zu entdecken

"Einradkids" beim Gesangverein 1846 Sportverein Waldtann e.V.
Brühlweg 11, 74594 Kreßberg-Waldtann

Bei unseren "Einradkids" kann man das Fahren auf nur einem Rad mit spielerischen Mitteln ganz leicht lernen. Das Fahren in der Gruppe macht dann gleich doppelt Spaß. Mit tollen Tricks und Choreografien treten unsere Einradkids auch bei verschiedenen Veranstaltungen auf.

Hast du Lust, etwas Neues auszuprobieren oder benötigst du einfach einen Ausgleich zur Schule? Dann bist du genau richtig bei uns ! Kommen können alle, egal ob Mädels oder Jungs und egal wie alt du bist. Wir trainieren immer dienstags in der Turnhalle Waldtann (siehe Übungsstunden).
Schau einfach mal zum Schnuppern vorbei. Wir würden uns freuen, wenn du es deinen Freunden oder Bekannten weiter sagst oder sie gleich mitbringst.

Unser Angebot

Einrad fahren lernen. Du hast kein Einrad? Kein Problem! Du kannst Dir am Anfang gerne eines der Vereinsräder ausleihen

neue Tricks lernen
Spiele auf dem Einrad
Show und Unterhaltung

Unser Training fördert

Gleichgewicht
Eine aufrechte und gesunde Körperhaltung, Konzentration, Freude an der Bewegung.

Soziale Fähigkeiten wie Selbstwertgefühl, Gruppenfähigkeit, Niederlagen überwinden, Fitness und Ausdauer, Durchhaltevermögen, Kreativität

Übungsstunden:

Die Kleinen (bis 12 Jahre)
Dienstags von 17.30 Uhr bis 18.30 Uhr in der Turnhalle Waldtann.

Die Großen (ab 12 Jahre)
Dienstags von 18.15 Uhr bis 19.30 Uhr in der Turnhalle Waldtann.

Ansprechpartnerin: Annika Bürk & Selina Uhrle, Email: einrad@gsv-waldtann.de

Fotos Verein

Auszug aus https://www.marktlustenau-waldtann-evangelisch.de
Er ist zugleich der älteste Posaunenchor im Evangelischen Kirchenbezirk
Crailsheim. Im Jahr 1919 wurde der Chor unter der tatkräftigen Mithilfe der
Seminaristen des Lehrerseminars auf dem Tempelhof und der altpietistischen
Gemeinschaft gegründet.

Foto: https://www.ejwue.de

Erster Chorleiter war der Junglehrer Nestele vom Tempelhof. Bald entstand
ein CVJM und man schloss sich dem württembergischen Jungmännerwerk an.
Als das Lehrerseminar 1923 aufgelöst wurde, übernahm Georg Moser die
Chorleitung. Aus dieser Zeit wird von vielen Bläsertreffen, Freizeiten und
Waldfesten berichtet. Der Posaunenchor war zu einem wesentlichen Teil der
Jugendarbeit der Kirchengemeinde geworden. Der legendäre Landesposau-
nenwart Herman Mühleisen wurde 1929 anlässlich einer Bläserfreizeit in
Waldtann auf seine Eignung „getestet" und danach in sein Amt eingeführt,
das er bis 1968 in der ihm eigenen Art führte und lebte. 1969 kam er zum Be-
zirksposaunentag anlässlich des 50-jährigen Bestehens des Posaunenchors
nach Waldtann und feierte dabei sein 40-jähriges Chorleiterjubiläum.

Viele Jungbläser, auch aus Waldtann, haben gerne an den von ihm geleiteten
Jung-bläserfreizeiten im Schloss Kirchberg teilgenommen, die jeweils Anfang
Januar dort stattfanden. Es war ein Erlebnis, mit gut 100 jungen Bläsern unter
seiner Leitung zu üben und zu musizieren!

In der Zeit des Nationalsozialismus war es sehr schwer, den Chor weiterzuführen, da jede kirchliche Jugendarbeit, die über Bibelarbeit hinausging, verboten wurde. Die Instrumente, die bisher dem Chor gehörten, mussten ins persönliche Eigentum der Bläser übergeben werden. Choreigene Instrumente wären von staatlichen Stellen beschlagnahmt worden. Die meisten Bläser mussten in den 2. Weltkrieg.

Viele kehrten nicht mehr zurück, unter ihnen auch Chorleiter Georg Moser. In dieser schwierigen Zeit übernahm sein Nachbar und Gründungsmitglied Georg Maier 1942 die Chorleitung. Die Übungsstunde fand in seiner Rechenmacherwerkstatt statt. Er leitete den Chor bis 1952.

Ihm gelang es schon 1946, mit etlichen Waldtanner Bläsern mit einem Holzvergaserauto zum ersten Posaunentag nach dem Krieg nach Ulm zu fahren, wo dieser Tag inmitten der Trümmer im und am Ulmer Münster stattfand.

Hermann Mühleisen lud zum ersten Landesposaunentag der Nachkriegszeit für den 1. und 2. Juni 1946 nach Ulm ein. Fotos: https://www.ejwue.de

Nach dem Krieg ging es wieder aufwärts. Viele junge Leute erlernten das Posaunenspielen, doch zogen viele wieder weg, sodass immer wieder Jungbläser geschult und ausgebildet werden mussten. Nach Georg Maier war Adolf Hofmann jun. aus Goldbach einige Zeit Chorleiter.

Dem Chor gehörten Bläser aus Waldtann, Wüstenau, Goldbach und anderen Nach-barorten an. Das erweiterte auch die Einsatzorte. Sie spielten außer in Waldtann des Öfteren in Gottesdiensten in Marktlustenau, Mariäkappel und Goldbach. Engagierte und treibende Kraft war in all den Jahren, auch in der

Nachwuchsarbeit, ganz besonders Karl Knauer, der viele Dinge für den Chor geplant und organisiert hat, im Grunde bis zu seinem Tod im Februar 2017.

Von 1963 bis 1982 leitete Hermann Erhardt aus Gaisbühl den Chor. Danach übernahm Pfarrer Christoph Stein die Chorleitung bis zu seinem Weggang 1984. Ihm folgte Gerhard Heinkelein als Chorleiter, der den „Stab" an Pfarrer Jörg Krieg weitergab. Vor dem Wechsel von Pfarrer Jörg Krieg nach Waldstetten übernahm Reinhold Landes die Chorleitung, die er bis zum Herbst 2017 innehatte.

Waldtanner Posaunenchor, Foto aus Privatbesitz

Seitdem ist der Posaunenchor leider ohne Chorleiter, immer in der Hoffnung, dass sich für diese wichtige Aufgabe wieder eine geeignete Person findet, die dieses schöne Amt mit Freude und Herzblut ausfüllt. Und natürlich auch in der Hoffnung, dass wieder Menschen aus unseren Orten bereit sind, den Chor mit ihren musikalischen Gaben als Bläser zu verstärken. Denn es gibt in unserer Gemeinde genügend Menschen, die das Trompeten-und Posaunenspiel einst erlernt und auch jahrelang praktiziert haben.

244

Gerne würden wir sie in unserer Runde von derzeit neun Bläsern willkommen heißen. Im Grunde gilt auch heute, was Pfarrer Alfred Brenner 1969 zum 50-jährigen Bestehen des Waldtanner Posaunenchors in der Beilage zum Gemeindeblatt so zum Ausdruck brachte: „Fünfzig Jahre haben wir nun einen Posaunenchor. Unsere Gemeinde wird so lange einen Posaunenchor, Kirchenchor und Jugendkreis haben, als sie es haben will. Steht sie, die Gemeinde, dahinter, dann finden sich auch die Mitarbeiter, dann ist auch die Jugend dafür da."

Der Waldtanner Posaunenchor ist bereits 100 Jahre alt!

Er umfasst ca. 10 Bläserinnen und Bläser und trifft sich immer freitags um 20.00 Uhr im Gemeindehaus. Der Posaunenchor zeigt seinen Einsatz bei Beerdigungen, Geburtstagen, im sonntäglichen Gottesdiensten, bei Gemeindefeste, beim Heilig-Drei-König-Singen und nicht zu vergessen das traditionelle Kurendeblasen, bei dem der Posaunenchor durch die Außenorte der Kirchengemeinde zieht. Herzliche Einladung an alle, die bereits ein Blechblasinstrument spielen oder an Jugendliche, die gerne ein Blechblasinstrument erlernen möchten.

Foto: Hermann Beck
Posaunenchor Waldtann
Hermann Beck
Gunggasse 5
74594 Kreßberg-Waldtann
Tel. 07957 / 926 86 51

"Kurrende [zu lateinisch currere "laufen"] ursprünglich an protestantischen Schulen bestehender Chor aus bedürftigen Schülern, der in Straßen gegen Gaben geistliche Lieder sang. Im 19. und 20. Jahrhundert häufige Benennung für evangelische Jugendchöre."

Männergesangsverein Waldtann

Erlaubnis Durchführung eines Heimattages mit Fahnenweihe 02.06.1956
Alle Dokumente aus dem Gemeinde-Archiv.

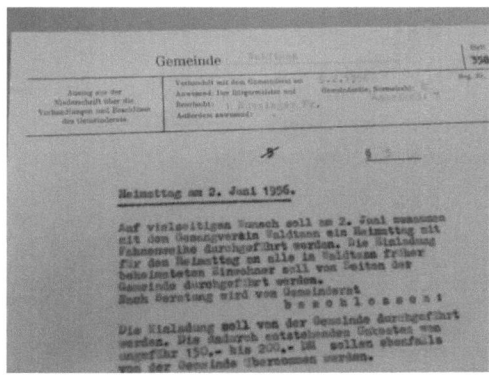 

Foto privat, ca. 1968

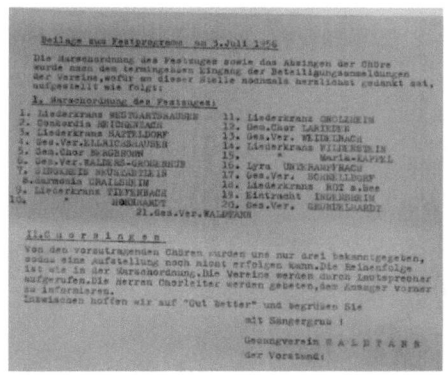

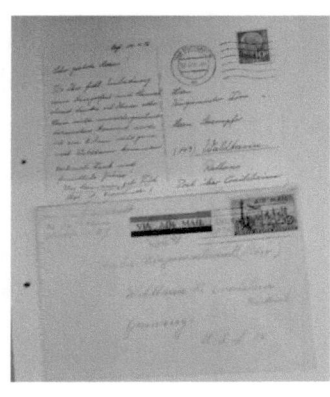

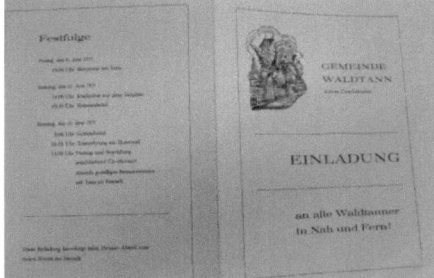

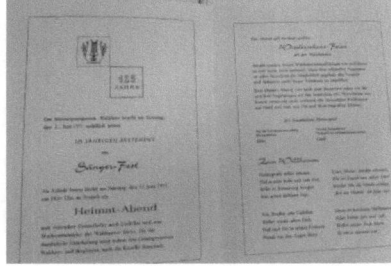

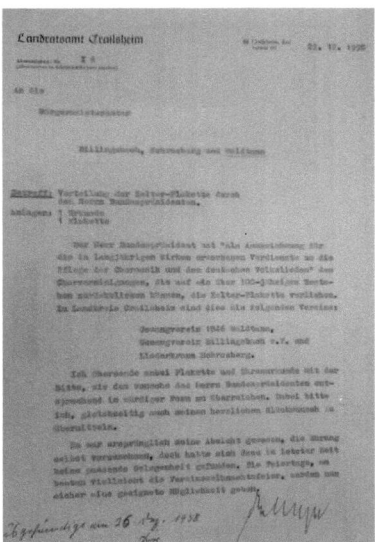

Fotos, Text: Gesangverein Waldtann

Gesangverein Waldtann

Gesungen wird in Waldtann schon seit 1846 - dem Gründungsjahr des Gesangvereins Waldtann. Dennoch ist das Liedgut, welches bei uns gesungen wird, alles andere als alt und verstaubt. Von traditionellen Volksweisen bis hin zu bekannten Pop-Nummern wie z.B. Herbert Grönemeyer's "Männer" erstreckt sich unser breit gefächertes Repertoire. Wir treten bei Theaterveranstaltungen des Waldtanner Volkstheaters, Beerdigungen, Chor-Konzerten und Chor-Treffen auf. Singstunde ist immer mittwochs von 19.30 Uhr bis 21:00 Uhr im Fritz-Gsell-Heim in Waldtann.

Wer Freude am Singen und Spaß an Geselligkeit hat ist bei uns jederzeit herzlich willkommen! Wenn noch Fragen offen sind dann schickt uns doch einfach eine Email an singen@gsv-waldtann.de

Waldtanner Volkstheater

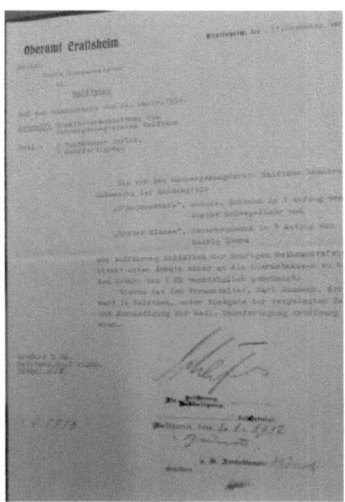
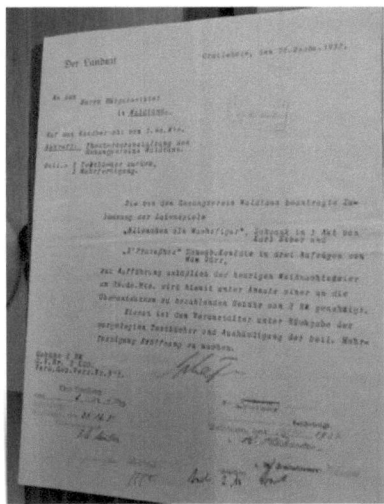

Genehmigung zur Aufführung eines Theaterstücks, 31.12.1936 und 22.12.1937

Im Jahre 2020 waren vor Corona 25 Akteure auf der Bühne und 40 hinter der Bühne beim Waldtanner Volkstheater im Einsatz. Die Saison war vom 08.02.2020 bis 04.04.2020 komplett ausverkauft.

Aber was macht das Waldtanner Theaterspiel für die Zuschauer aus Nah und Fern so interessant? Jedes Jahr kommen auch Besucher z. B. aus Stuttgart, um sich das Mundarttheater anzusehen.

Die Originalfassungen der Stücke (z. B. bayrisch, schwäbisch, hochdeutsch...) werden vom Ensemble selbst in die Hohenloher Mundart übersetzt und umgeschrieben, teils auch inhaltlich überarbeitet und spielen dann meist in der schwäbisch-hohenlohisch-fränkischen Heimat. Ganz oft werden die Stücke für eine eigene "Landschaftskulisse" abgeändert.

Jeder aus dem Dorf kann beim Theater, egal ob als Schauspieler oder beim Kulissenbau oder im Service mitmachen. Jede helfende Hand zählt. „In Waldtann ist die Theatersaison die fünfte Jahreszeit", erklärt Markus Häffner, der Regie führt und auch einer der Schauspieler ist. Schon seit nunmehr fast zwei Jahrzehnten werden abendfüllende Schwänke oder Komödien (3 Akte) mit regionalem Charakter entwickelt. Oft sind diese sehr lustige und erheiternden Stücke mit viel Situationskomik mit zeitkritischen Aspekten verknüpft.

Waldtanner Volkstheater

Die sehr aufwändig gestalteten Bühnenbilder werden von der Gruppe selbst erstellt. Besonders wichtig und wertvoll ist hierbei die tatkräftige Unterstützung und Anleitung durch ortsansässige Schreiner und einen Maler sowie andere Helfer.

Benötigte Requisiten, Möbel, Utensilien und Kleidungsstücke werden in der Regel aus dem Dorf zusammengetragen. Hierbei und bei der Bereitstellung von Material für den Kulissenbau erfährt das Theater große Unterstützung durch die Dorfbewohner und durch ortsansässige Handwerksbetriebe.

Das Theaterspiel hat in Waldtann eine große Tradition. Die Anfänge reichen weit zurück bis in die Zeit vor dem ersten Weltkrieg. Sie wurden zunächst getragen vom Jungkriegerbund - später von Gesangverein und Sportverein. In weiter Vergangenheit wurden nur kurze Sketche oder Einakter bei Vereinswinterfeiern gespielt.

Es ist schon bemerkenswert, dass sich diese Tradition - über all die Jahre hinweg in Waldtann erhalten hat. Seit dem Jahre 1993 tritt die Theatergruppe unter dem Namen "Waldtanner Volkstheater" auf.

Alle Theateraufführungen finden in der gemeindeeigenen Festhalle statt, die an den Spielabenden ca. 250 Besuchern Platz bietet. Alle Gäste sitzen an Tischen - bei allen Veranstaltungen wird vor, in den Pausen und nach der Veranstaltung für das leibliche Wohl gesorgt.

14-mal im Jahr tritt das Waldtanner Volkstheater auf und mit ihm das ganze Dorf: Auf und hinter der Bühne sind es etwa 25 Akteure. Dazu braucht es pro Abend 40 Helfer für den Rest, für Aufbau und Bedienung.

Für die Kartoffeln benötigt es einen weiteren Trupp. Eine Gruppe Kartoffelfrauen treffen sich vor jeder Vorstellung zum Schälen, damit der Kartoffelsalat lecker und frisch ist.

Natürlich ist auch der Gesangverein mit von der Partie, denn das Waldtanner Volkstheater ist vor über 25 Jahren aus dem Gesang- und Sportverein hervor-gegangen. Nicht zuletzt deshalb beginnt ein Theaterabend in Waldtann immer mit einem Auftritt der Sänger. „Wir sind die alten Säcke", sangen sie diesmal mit Augenzwinkern und an der Gitarre begleitet von Oskar Storz: „Wir sind die Schau auf jedem Sängerfest."

Mit „s Obstlerg'setz" hatte das Waldtanner Volkstheater perfekt auf die Theatersaison eingestimmt. Foto Verein

Trutenbachstadion

Wüstenau gehört zu Mariäkappel. Derzeit wohnen 109 Menschen hier. Erstmals wurde Wüstenau 1079 erwähnt als Wostene. 1357 kannte man es unter ze Wuosten.

Wüstenau ist eine abgegangene und später neu erbaute Siedlung. Siedlungswüstungen sind völlig aufgegebene dörfliche Siedlungen. Ausgeprägte Wüstungsvorgänge gab es in Europa im frühen und späten Mittelalter.

1079 hatte Kloster Comburg Besitz. Auf dem 1466 genannten Burgberg stand eine Burg der Flügelauer Lehensleute (1251 — 1305).

Der Burgstall Wüstenau ist eine abgegangene Höhenburg auf dem 515 m ü. NN hohen „Schlossberg" bei dem heutigen Wohnplatz Wüstenau der Gemeinde Kreßberg. Eine Höhenburg ist eine auf einer natürlichen Anhöhe errichtete Burg.

Von der ehemaligen Burganlage sind noch der Burghügel (Erdwerk) und ein Halsgraben-rest erhalten. Als Halsgraben wird ein künstlich angelegter Graben bezeichnet, der eine Burganlage nicht vollständig umschließt, sondern nur die Seiten des Areals abriegelt, die nicht durch natürliche Hindernisse geschützt sind. Er ist ein wichtiger Bestandteil des Wehrsystems vieler Höhenburgen. (siehe auch Hohenkreßberg).

Als Burgstall altertümlich *die* Burgstähl), auch Burgstelle, Altburgstelle, wird in der Burgenkunde eine Burg bezeichnet, von der noch weniger erhalten ist als eine Ruine. Die Fachliteratur kennt zudem den Begriff abgegangene Burg oder abgekommene Burg, der meist mit der Bezeichnung „Burgstall" gleichzusetzen ist.

1357 war Hohenlohe begütert; das Spital zu Dinkelsbühl erwarb 1374 und 1446 Güter. 1568 waren Ansbach und Dinkelsbühl gemeinsam Dorfherren. Die Vogtei war aufgeteilt, die Oberhoheit neu erbaute Siedlung war ansbachisch, wohl seit 1399.

Stein-Kreuz in Wüstenau (Das Steinkreuz als Sühnekreuz ist als Ersatz für ein verlorengegangenes / zerstörtes (bei Restaurierungsversuch) 2004 neu gesetzt worden. Sage: Ein Hirte soll hier erschlagen worden sein.)

Hochbehälter Wüstenau, ca. 1992, Foto Gemeindeverwaltung

Beschreibung des Oberamts Crailsheim 1884

Wüstenau, ein Weiler mit 27 Häusern, liegt anmuthig in dem grünen Wiesenthälchen des Ruppesbaches in sehr geschützter Lage, beherrscht von einem bewaldeten Bergkegel im Osten, der deutlich die Spuren einer alten kleinen Burg mit Graben erkennen läßt.

Beim Rajolen des Bodens für eine Waldanlage kam das Gemäuer vor etlichen Jahren zu Tage. Wüstenau, vielleicht jener Ort, Wostene, wo Komburg 1079 12 Huben hatte, W. U. I, 392, sicher 1298 Wosten, 1305 Wuosten, die öde Einsamkeit, war der Sitz eines ritterlichen Geschlechtes, wahrscheinlich Dienstmannen der Grafen von Flügelau.

Abgegangen ist: *Cleonrode*, ein Weiler auf der Flur Kläret beim schwarzen See. Cleonrode ist wahrscheinlich die Rodung eines Hleo, vgl. Glehuntare Baumann Gaugrafsch. S. 114. 1331 19. Dez. verkauften Heinrich Goltbach und Irmengart seine Hausfrau ihren Hof zu Clerod an den Spital zu Dinkelsbühl. Bürgen Konr. Ruhenbuch, Friedr. Zähe v. Jagesheim, Ekkehart a. Lore., Dk.A. Weiteres s. oben.

Rajolen: (Tiefpflügen, auch als Rigolen hierbei wird der Boden mit einem Tiefpflug (auch Rigolpflug, Rajolpflug oder Tiefgangpflug genannt) tiefgründig, d. h. nach DIN 1185 mehr als 60 cm tief, maximal bis circa 2,5 Meter tief, umgebrochen.

Heute: von Haselhof über Wüstenau nach Haselhof, Dauer: 1 Stunde, 4,61 km, Start: Kindergarten Haselhof bzw. Gemeindehalle mit Parkplatz, Wir nehmen die Wanderkarte 19 und 20.

Wir gehen geradeaus in Richtung Spielplatz, dann über die Straße nach rechts weg und sind auf dem Weg nach Wüstenau. Durch Wüstenau durchgehen, dann sieht man einen Wanderweg, dem folgen und immer weiter geradeaus. Links kommt der Friedhof von Mariäkappel, rechts die Straße hoch und man ist wieder auf der Hauptstraße. Immer gerade aus und man ist wieder in Haselhof

Folgendes kann man sehen: Blick auf Wüstenau, Ein Stein-Kreuz in Wüstenau, Kirche Mariäkappel mit Gemeinde-Bücherschrank am Gemeindehaus

Grillhütte Wüstenau

Wer in Kreßberg einmal zünftig feiern möchte, könnte dies seit 2005 in der Grillhütte Wüstenau tun. Sie bietet innen und außen genügend Platz. Außen befinden sich weiterhin ein großer Kinderspielplatz und die Toilettenanlage.

Bei Interesse wenden Sie sich an:
Heimatverein D`Wüstenauer
Jürgen Rupprecht
Schloßbergweg 14
74594 Kreßberg-Wüstenau
Tel. 07957 / 926 726

Auf Wunsch können Köche, Helfer und Barkeeper gebucht werden. Diese kommen auch vom Heimatverein. Die Hütte steht am Ende des Schloß-bergweges in Wüstenau in Richtung Asbach. Parken kann man an der Straße.

Die Trollblume in Kreßberg

Der Name leitet sich über das althochdeutsche Wort „troll" für „kugelrund" vom lateinischen „trulleus" für „rundes Gefäß" ab.

Die Trollblume ist bundesweit im Bestand gefährdet und steht daher unter Naturschutz. Gründe für den Rückgang sind im Brachfallen extensiv genutzter Frisch- und Feuchtwiesen und deren Trockenlegung zu sehen.

Die Trollblume kommt in Europa und Westsibirien vor. Sie ist vor allem in Mittel- und Nordeuropa verbreitet. Ihre südlichsten Vorkommen in Europa sind in Zentralspanien, Mittelitalien und im nördlichen Griechenland.In den Tallagen Europas wird diese Pflanzenart immer seltener.

Sie hat eine Vorliebe für Feuchtwiesen, Teich- und Bachränder und ist vor allem im Gebirge bis auf Höhenlagen von 3000 Metern in Hochstaudenfluren anzutreffen. Sie bevorzugt nährstoffreichen, dauerfeuchten Boden.

In der Gemeinde Kreßberg werden im Rahmen des Landschaftsschutzes Trollblumen wieder angepflanzt, der Bewuchs geschützt und gefördert. Rechts Information zur Trollblume in Leukershausen.

Informationen aus Kreßberg
Spatenstich für Gas und Breitband in Kreßberg

Einstimmig hat der Gemeinderat von Kreßberg die EnBW ODR mit der Erdgas-erschließung von Kreßberg beauftragt. Gleichzeitig nutzt die Gemeinde nun diese Gelegenheit, um Lichtwellenleiterkabel zum Ausbau schnellen Internets mit zu verlegen. Der symbolische Spatenstich erfolgte am Donnerstag den 15.11.2019 in Asbach mit Vertretern der EnBW ODR, der Gemeinde Kreßberg und der beauftragt-en Bauunternehmen. Mit dem Bau des Backbones außerhalb der Teilorte hat die Gemeinde die Firma Lorenz aus Miltach beauftragt. Gebaut wird derzeit zwischen Schönbronn und Bräunersberg.

Fotos, Text: https://www.odr.de/ 15.11.2019

(von links nach rechts) Polier Uli Schill, Bürgermeister Robert Fischer a. D., Bürger-meisterin Annemarie Mürter-Mayer, Referentin Heidrun Benedikter, Gasbetriebs-führungsleiter Volker Maier, Netzserviceleiter Guido Gruber, Teamleiter Andreas Huber und Bauleiter Timo Kirchhoffer.

Den Auftrag für den Bau der überörtlichen Gasleitungen hat die ODR der Firma Hermann Fuchs aus Ellwangen erteilt. Von Rötlein über Neustädtlein wird die Leitung über die Teilorte Gaisbühl, Schönbronn, Bergbronn, Waldtann, Asbach, Wüstenau nach Mariäkappl gebaut.

Das Neubaugebiet „Obere Schanze" ist bereits erschlossen und wird derzeit mit Flüssiggas aus einem Tank versorgt. Zur Heizsaison 2020 soll das Erdgas dann zur Verfügung stehen. Insgesamt sollen etwa 800 Häuser ans Erdgasnetz angeschlossen werden. Hierfür investiert die ODR rund 4,5 Millionen Euro in 26 Kilometer Leitungen. Die Gemeinde Kreßberg beteiligt sich mit einem Baukostenzuschuss in Höhe von 600.000 Euro.

Neben der beträchtlichen CO_2-Einsparung hinsichtlich Klimaschutz punktet die Kommune auch mit einer wichtigen Infrastrukturmaßnahme. Durch den gemeinsamen Ausbau von Erdgas mit Leerrohren für LWL-Kabel spart die Gemeinde nämlich Kosten in Höhe von ca. 1,4 Millionen Euro ein.

Als Partner der Kommunen hat es sich die ODR zur Aufgabe gemacht, die Infrastruktur im ländlichen Raum immer weiter auszubauen und sich hier einzubringen. Für Bürgermeister Robert Fischer ist „mit der Kombination aus Erdgas- und Glasfaserversorgung ein weiterer Baustein für die Zukunft von Kreßberg und die Lebensqualität der Bürger gelegt".

Die EnBW ODR hat mit ihren Mitarbeitern ein Klimaschutzprojekt aufgesetzt, bei dem die Mitarbeiter in ihrer Freizeit Maßnahmen zum Klimaschutz erbringen können. In diesem Zuge hat die Abteilung Netzservice mit 18 Mitarbeitern am Donnerstag in Kreßberg 120 Obstbäume gepflanzt. Unterstützt wurden sie dabei vom Bauhof der Gemeinde Kreßberg.

Informationen aus Kreßberg
Fertigstellung des letzten Bauabschnitts zum Glasfaserausbau in den Außenbereichen durch die Gemeinde Kreßberg

Begonnen hatte die Gemeinde mit den Arbeiten zum Breitbandausbau im Oktober 2018. In der Folge wurden Glasfaserhausanschlüsse für das Gewerbegebiet Bergbronn sowie die Teilorte Neuhaus, Mistlau, Riegelbach, Unter- und Oberstelzhausen, Rotmühle und Hohenkreßberg realisiert. In Bergertshofen und Marktlustenau wurden die Kabel-verzweiger mit Glasfaser erschlossen, um so möglichst vielen Einwohnern schnelleres Internet anbieten zu können.

Foto und Text Gemeinde Kreßberg

Da das Thema in der Bevölkerung so präsent war, genehmigte der Gemeinderat eine Verkürzung des Zeitplans für den Ausbau des restlichen Gebiets.

Der Ausbau in Bräunersberg, Schönbronn, Gaisbühl, Vehlenberg, Ruppersbach folgte deshalb schon ab Juli 2019 und wurde im Januar 2021 fertiggestellt. Der letzte Abschnitt „Kreßberg Mitte und Kreßberg Nord", der ursprünglich für das Jahr 2023 geplant war, konnte so bereits im Frühjahr 2020 vergeben werden.

Mit der heutigen Bauabnahme ist ein Vertragsabschluss durch unsere EinwohnerInnen über schnelle Internetverträge auch für die Teilorte Halden, Rötsweiler, Stegenhof, Schwarzenhorb, Hohenberg, Waidmannsberg und Vötschenhof in greifbare Nähe gerückt.

Im Juni wird die Netzübergabe an unseren Pächter, die NetCom BW, erfolgen. Sie hat dann sechs Monate Zeit für die Inbetriebnahme des Netzes. Nächster Schritt zu schnellem Internet für alle KreßbergerInnen: Parallel dazu fand am 17.05.2021 eine Videokonferenz zum Thema „Graue Fleckenförderung" statt.

Inhalt war die seit 26.04.2021 in Kraft getretene Förderrichtlinie für den Ausbau der Teilorte, die nicht über das obige Förderprogramm ausgebaut werden konnten, aber mit unter 100 MBit`s ebenfalls noch als unterversorgt gelten.

In Zusammenarbeit mit dem Zweckverband Breitband des Landkreises gilt es in den kommenden Monaten den dafür anfallenden Aufwand zu ermitteln und sich für die entsprechenden Fördermittel des Bundes, die im „Windhundverfahren" vergeben werden, zu bewerben. Dadurch sollen dann einzelne, bisher nicht ausgebaute Straßenzüge der größeren Teilorte auch in den Genuss schnellen Internets kommen.

Informationen aus Kreßberg

Waldtann, 12.04.2021, heute fand im Rahmen meiner ersten Gemeinderatssitzung auch meine Vereidigung und damit die offizielle Einführung in das Amt der Kreßberger Bürgermeisterin statt. Foto und Text Gemeinde Kreßberg

Informationen aus Kreßberg
Ein Insektenhotel für die Kinder
des Tiger- und Bärenhauses in Waldtann
Waldtann, 11.05.2021

Insekten sind natürliche Schädlingsbekämpfer und Bodenverbesserer sowie Nahrungsgrundlage vieler Tiere. Ihr Lebensraum wird durch die zunehmende Bebauung jedoch immer kleiner. Insbesondere Bienen sind zum Bestäuben von Nutzpflanzen unerlässlich und tragen einen wesentlichen Teil zur Vielfalt unserer Natur bei.

Um einem Rückgang ihrer Anzahl entgegenzuwirken, hat die EnBW ODR Bienen- und Insektenhotels an Kindergärten und Grundschulen in ihrem Versorgungsgebiet verlost. Herr Lorenz Eitzenhöfer überbrachte heute den Bausatz für das Hotel, Holzbienen zum Bemalen für jedes Kind und Blumensamen zum Anlegen einer Blumenwiese.

So einfach kann jeder mit seinen Mitteln einen Teil dazu beitragen, das Gleichgewicht in der Natur zu erhalten und die heimischen Insekten, vor allem die Wildbienen, dabei unterstützen, sich niederzulassen und zu vermehren.

Fotos und Text Gemeinde Kreßberg
zweifarbige Sandbiene und Streifen-Pelzbiene

Wildbienen gehören, wie die Honigbiene, innerhalb der Insektenordnung der Hautflügler zur Familie der Bienen. Sie sind jedoch meist Einzelgänger und leben solitär. Nur die Hummeln sowie einige Arten der Furchenbienen besitzen eine soziale Lebensweise. Eines haben sie allerdings gemeinsam: Sie mögen es gern warm und trocken. Aus www.deutschewildtierstiftung.de/wildtiere/wildbienen

Die Insekten und Bienen können einziehen | 01.07.2021

"Unser Kindergarten Tiger- und Bärenhaus hat im Mai einen Insektenhotel-Bausatz der EnBW ODR gewonnen. Mit Hilfe von einigen fleißigen Kindern und zwei Erzieherinnen konnten wir das Insektenhotel zusammen-bauen und diese Woche aufstellen.

Wir haben gehämmert, gebohrt, geschraubt und die Holzbienen bemalt. Jetzt warten wir gespannt darauf, dass die kleinen Krabbeltierchen in unser Hotel einziehen."

Interessantes aus Kreßberg

Auszüge aus
https://www.kressberg.de/home/aktuelles/mitteilungsblatt

Alle Texte und Fotos von der Gemeinde

Verlegung Glascontainer-Stellplatz Brückenweg

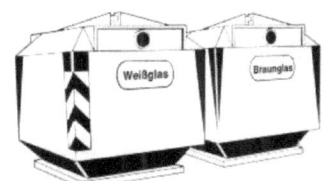

Im Brühlweg/Ecke Brückenweg in Waldtann soll im Laufe des Jahres ein Kinderspielplatz entstehen. Um Unfallgefahren zu vermeiden wird deshalb der Glascontainer-Stellplatz ab 10. März 2025 verlegt. Es erfolgt eine Zusammenlegung mit dem schon vorhandenen Glascontainer-Stellplatz im Weiherweg in Waldtann.

Wir bitten um Beachtung.

Neues Buswartehäuschen in Asbach

Erfreulicherweise sind in unserem Ortsteil Asbach derzeit einige junge Familien mit Kindern ansässig. Um diesen das Warten auf den Schulbus auch bei schlechtem Wetter etwas angenehmer zu gestalten, wurde in den letzten Wochen von unseren Bauhofmitarbeitern ein neues Buswartehäuschen erstellt. Nach Fertigstellung in den Bauhofhallen, fand es im Januar in der Ortsmitte von Asbach seinen Platz. Dort ist es für alle Kinder gut zu erreichen und durch seinen orangenen Farbton auch für die Autofahrer kaum zu übersehen.

"Filmkiste"-Kinderkino in Kreßberg:

Winski und das Unsichtbarkeitspulver"

am 20.2.2025

Märchenhafter Kinderkrimi
Die kleine Stadt Hümpstad wird von einer Einbruchserie heimgesucht, die Polizei scheint machtlos zu sein. Da begegnet der zehnjährige Winski einem alten Apotheker. Er meint, die Stadt brauche einen Helden wie Winski und übergibt ihm ein Unsichtbarkeitspulver. Dieses Zaubermittel macht Menschen nicht nur unsichtbar, sondern lässt sie auch durch dicke Mauern wandern. So will Winski nun auf Einbrecherjagd gehen – dabei ist er alles andere als ein Held, ist schüchtern und wird gemobbt. Aber als auch seiner Mutter Geld gestohlen wird, muss Winski in Aktion treten.

Gemeinsam mit dem Apotheker gelingt er nachts unsichtbar durch die Stadt und macht einen Gauner nach dem anderen dingfest.

Allerdings gibt es noch einen Verdächtigen: den neuen Freund von Winskis Mutter. Ist er der Dieb?

Die Vorstellung am Donnerstag, den 20.2.2025 in der alten Kreßberghalle im Marktbühne wird am 15.35 Uhr.
Der Eintritt beträgt 1,50 €. Der Film ist ab 6 Jahren freigegeben und geht bis 16.35 Uhr.

Abschließend ein Hinweis an die Eltern unserer Filmkinobesucher:
Der Film erfolgt die FSK-Freigabe ab 6 Jahren. Wir möchten Ihnen die Freiwillige Empfehlung vom Bundesverband Jugend und Film e. V. weitergeben, die diesen Film ab 8 Jahren empfiehlt. Bitte bedenken Sie dies wenn Sie Ihr Kind ins Kinderkino im Monat Februar lassen.

Herzliche Einladung an alle Kreßbergerinnen und Kreßberger ab 6 Jahren!

Die Schülertheatergruppe der Schule für freie Entfaltung Schloss Tempelhof e. V. lädt Sie und euch recht herzlich zu unseren beiden öffentlichen Aufführungen des Stückes „Ein Sommernachtstraum" von William Shakespeare ein.

Ein Sommernachtstraum

Donnerstag, 6. Februar und Freitag, 7. Februar, jeweils 17.00 Uhr in der Kapelle des Tempelhofs.
Das erwartet euch:
Ein großes Unternehmen mit starrem Strukturen, unglückliche Liebende, ein verwunschener Wald und ein Theaterstück im Theaterstück

Seniorenfahrdienst

kostenlos anfordern unter Telefon 07957/9880-45

Fahrtzeiten:
Montag bis Freitag, in der Zeit von 8.00 Uhr bis 12.30 Uhr und 13.30 Uhr bis 17.00 Uhr

Das Mitfahren ist ganz einfach:
- Montag bis Freitag in der Zeit von 8.00 bis 12.00 Uhr Ihren Fahrtwunsch telefonisch unter der Nr. 07957/9880-45 mitteilen.

- Der Fahrtwunsch kann zwei Tage vor der Fahrt angenommen werden und richtet sich nach der Verfügbarkeit von Fahrzeug und Fahrern.
- Zur Abfahrtszeit und Rückfahrtszeit am vereinbarten Ort bereithalten (nur innerhalb Kreßbergs).
- Um Absagen, falls die Fahrt nicht wie geplant stattfinden kann, wird gebeten.

Neuer Radlader für den Bauhof

v. l. n. r. Bautechniker Ralf Hofmann, Bürgermeisterin
Annemarie Mürter-Mayer, Bauhofleiter Michael Jabs

Mitte Januar wurde ein neuer Radlader der Firma Kramer für den Gemeindebauhof in Dienst gestellt. Bürgermeisterin Annemarie Mürter-Mayer, Bautechniker Ralf Hofmann und Bauhofleiter Michael Jabs nahmen das Fahrzeug offiziell von der Firma Wolf Baumaschinen Baugeräte Handels GmbH aus Bad Mergentheim entgegen. „Ich freue mich, dass wir mit dem neuen Radlader wieder gut gerüstet sind, um die täglich anfallenden Arbeiten im Winterdienst, bei den Straßen- und Feldwegeausbesserungsarbeiten sowie der Grünanlagenpflege zuverlässig angehen zu können", sagte die Bürgermeisterin. Der Radlader ist Teil einer notwendig gewordenen Erneuerungsstrategie der Fahrzeugflotte im Bauhof. Die Arbeitsmaschine sowie ein Anbaugerät für den Winterdienst haben einen Wert von rund 115.000 Euro und ersetzen einen 12 Jahre alten gebrauchten Radlader, der mit über 6.000 Betriebsstunden zunehmend reparaturanfällig wurde. Die Gemeinde wünscht dem Team des Bauhofs allzeit gute Fahrt!

Schulanmeldung für das Schuljahr 2025/2026 an der Schule am Kreßberg

Die **Anmeldung der Schulneulinge** für das Schuljahr 2025/2026 erfolgt am **Montag, 17.03.2025** in der **Schule am Kreßberg in Marktlustenau**. Die Anmeldeunterlagen werden über die Kindergärten bzw. per Post verteilt. Darin wird in einem Elternbrief die genaue Uhrzeit und die Räumlichkeit für die persönliche Vorstellung bekannt gegeben. Bitte bringen Sie diese Unterlagen und das Familienstammbuch bzw. eine Geburtsurkunde zur Schulanmeldung mit.

Außerdem benötigt die KreisVerkehr GmbH von allen Fahrschülern ein Passfoto, auf dessen Rückseite Vor- und Zuname sowie Wohnort angegeben sind. Alle Kinder, die bis zum **30.06.2025** das 6. Lebensjahr vollendet haben, sind **schulpflichtig**. Kinder, die im **Zeitraum vom 01.07.2025 bis 30.06.26** erst sechs Jahre alt werden, können als sogenannte **Kann-Kinder (Korridorkinder)** eingeschult und angemeldet werden. Im Falle einer Zurückstellung vom Schulbesuch, treten Sie bitte mit uns bis spätestens zum Anmeldetermin am 17.03.2025 in Kontakt.

Falls Sie Fragen haben, melden Sie sich bitte im Sekretariat (Tel. 07957/9889-0 oder info@schule-am-kressberg.de).

Schule am Kreßberg

Das Kleine Zebra war in der Schule am Kreßberg!

Am 20.01.2025 wurden die beiden ersten Klassen der Schule am Kreßberg vom kleinen Zebra besucht. Dieses hatte sich auf der Suche nach seinen Eltern verlaufen und sich dabei im Straßenverkehr mehrfach selbst in Gefahr gebracht. Doch zum Glück traf das kleine Zebra auf eine Polizeibeamtin und die Schülerinnen und Schüler der Klassen 1a und 1b. Mit tatkräftiger Unterstützung der Polizeibeamtin erklärten die Schülerinnen und Schüler also dem kleinen Zebra, wie man sich richtig im Straßenverkehr verhält.

Das Kleine Zebra ist ein verkehrspädagogisches Mitmachtheater, bei dem die Schülerinnen und Schüler auf kindgerechte Art und Weise unter anderem vermittelt bekommen, wie wichtig es ist den eigenen Namen, die Adresse und die Telefonnummer zu kennen oder aber, was beachtet werden muss, wenn man über die Straße gehen möchte – sei es einfach so, an einem Zebrastreifen oder an einer Ampel.

Kirchenmäuse
Die Krabbelgruppe „Kirchenmäuse" lädt alle Eltern mit Kindern im Alter von 0 bis 3 Jahren herzlich ein.

Euch erwartet ...
... Spiel und Spaß für die Kleinen,
... gute Gespräche und Impulse bei Kaffee und Tee,
... Kontakte knüpfen und Freundschaften vertiefen.

Wir treffen uns immer dienstags von 9.00 bis 11.00 Uhr im Ev. Gemeindehaus Mariäkappel (außer in den Schulferien). Bitte Hausschuhe/Stoppersocken und ein kleines Vesper für die Kinder mitbringen.
Die Termine bis zu den Osterferien sind:
25. Februar; 11. März, 18. März, 25. März; 1. April und 8. April 2025

Heiraten in Kreßberg
Trauungen unter freiem Himmel am See

Sie träumen von einer standesamtlichen Trauung, die mehr als nur ein formeller Akt ist? Das Standesamt Kreßberg bietet Ihnen eine ganz besondere Möglichkeit.

Für Naturverbundene bietet eine standesamtliche Trauung am Mühlweiher im Ortsteil Asbach eine traumhafte Kulisse. Geben Sie sich Ihr Ja-Wort unter freiem Himmel auf einer malerischen Wiese neben dem glitzernden See. Die sanfte Sommerbrise, das beruhigende Wasser und die schöne Aussicht schaffen eine einzigartige Atmosphäre, die romantisch und natürlich zugleich ist.

Trauungen am Mühlweiher sind in den Sommermonaten unter der Woche und an jeweils einem Samstag im Jahr möglich.

Der Samstagstermin für 2025 ist der 23. August.

Sie haben Fragen oder möchten Ihren Hochzeitstermin direkt reservieren? Dann melden Sie sich jederzeit telefonisch unter 07957/9880-44 oder per E-Mail an standesamt@kressberg.de.

Gemeinde

Kreßberg

natürlich schön

Ferienjob (ab 18 Jahren) oder Minijob im Waldfreibad Bergertshofen zu vergeben:
Zur Verstärkung unseres Freibad-Teams suchen wir für die Sommermonate

Rettungsschwimmer/innen (m/w/d) und

Reinigungskräfte (m/w/d)

Der Arbeitsumfang hängt von der Witterung ab. Wir bieten Ihnen gute Bezahlung
und flexible Einteilung der Arbeitszeiten.
Bei Interesse, melden Sie sich gerne bei Herrn Buchholz,
E-Mail: waldfreibad@kressberg.de, Tel. 0155/66219315 oder Frau Aschenbach,
E-Mail: franziska.aschenbach@kressberg.de, Tel. 07957/9880-41.
Bei Interesse senden Sie bitte Ihre Bewerbung innerhalb der nächsten
zwei Wochen an die Gemeindeverwaltung Kreßberg, Untere Hirtenstraße 34, 74594 Kreßberg, gerne auch per Mail an
franziska.aschenbach@kressberg.de.

www.kressberg.de

Führung essbarer Waldgarten

Auf etwa 2.000 qm werden im essbaren
Waldgarten im Sinne der Permakultur
mehrjährige Wildpflanzen für das Ökodorf
Tempelhof und die Region angebaut. Das
Besondere an den hier erzeugten Lebensmitteln ist, dass sie sowohl eine gesund-
heitliche Bereicherung für den Menschen
bringen wie auch einen großen Beitrag
zum Bodenaufbau, Artenvielfalt und Bio-
diversität leisten.
Bei der Führung durch den essbaren Waldgarten des Tempelhofs wird Ihnen beispiel-
haft gezeigt, wie gelebte Permakultur aus-
sehen kann, Ihnen wird das Konzept des
Waldgartens vorgestellt und Sie bekommen Inspirationen für den eigenen Garten.
Dozentin: Geraldine Sommer
Die Führung findet am Sonntag, den
27. April von 15.00 – 16.30 Uhr statt, Treffpunkt an den Gewächshäusern, Tempelhof.
Gebühr: 10 Euro. Anmeldung bei Kim He-
sterberg: Kim.Hesterberg@kressberg.de
oder Tel. 07957/988044.

DIE **KÄNGURU KIDS**

FÜR KINDER VON 1-3 JAHRE

Kinderturnen in Begleitung
eines Erwachsenen. Auch Papas, Omas,
Opas ... sind willkommen!

Wann: ab sofort immer mittwochs 15-16Uhr - außer in den Ferien
Wo: Turnhalle Haselhof
Für wen: Kinder 1 - 3 Jahre mit Begleitperson

Hauspflege und Nachbarschaftshilfe Crailsheim e. V.

Essen auf Rädern

**5 Menüs zur Auswahl,
täglich frisch zubereitet und
direkt zu Ihnen geliefert!**

WIR FREUEN UNS ÜBER IHREN ANRUF:
Telefon 0 79 51/9 61 99-60

info@nachbarschaftshilfe-cr.de | www.nachbarschaftshilfe-cr.de

Rätsel, wo wurde dieses Bild aufgenommen?

FSC
www.fsc.org

MIX

Papier aus ver-
antwortungsvollen
Quellen

Paper from
responsible souıces

FSC® C105338